HAÏTI

SON PASSÉ, SON AVENIR

HAÏTI

SON PASSÉ, SON AVENIR

PAR

ROCHE-GRELLIER

Ex-Secrétaire d'Etat de l'Agriculture et de l'Instruction publique, etc., etc.

PARIS

ARTHUR ROUSSEAU, LIBRAIRE-ÉDITEUR

14, RUE SOUFFLOT, 14

—

·1891

A MON PAYS

C'est à ma bien-aimée patrie que je dédie ces pages où chaque ligne respire l'amour que je lui porte. Même éloigné d'elle, toutes mes pensées s'y rapportent toujours, et son bonheur est ma plus vive préoccupation. N'a-t-elle pas droit, en effet, d'exiger de ses enfants qu'ils lui consacrent leurs efforts?

Quand un tel sentiment fait battre mon cœur, quels n'ont pas été mon chagrin et mon irritation, lorsque, retournant à Port-au-Prince après la chute du général Légitime, un étranger ne craignit pas de venir dans la rade sur le vaisseau qui m'avait amené et où je me trouvais encore, me demandant ce que je venais faire dans mon pays, sous le gouvernement du général Hippolyte!......

HAÏTI

SON PASSÉ. — SON AVENIR

CONSIDÉRATIONS GÉNÉRALES

Parmi tous les devoirs du citoyen envers un pays, le premier, le plus impérieux, n'est-il pas de lui dire la vérité sans crainte et sans réticences? S'il est évident qu'on a des obligations envers le corps social dont on est membre, en quoi se résument-elles, sinon que chacun doit contribuer, dans la mesure de ses forces et de ses moyens, au bonheur et à la gloire de la patrie commune?

Mais comment ce résultat pourrait-il être atteint, si le peuple n'est pas éclairé sur ses véritables intérêts, si peut-être, sans qu'il s'en doute lui-même et sans qu'aucune voix ose

1

s'élever pour l'avertir, on le voit s'engager
dans un chemin funeste, trompé par une apparence de verdure et par quelques fleurs qui
lui en cachent les précipices ?

Faire du bien à son pays et lui montrer la
vérité, si amère qu'elle puisse être, sont au
fond, deux termes identiques.

Sans doute, la tâche est difficile et souvent
remplie d'amertume : aucune n'a davantage
besoin de ce courage moral, plus rare que le
courage militaire. L'homme que le zèle pour
le bien public fait seul agir, et dont la parole
jamais ne s'abaisse, pour une vaine popularité,
à flatter les erreurs du moment, se trouve
bientôt en face d'une ligue formidable. Forcément, dans son libre langage, il aura froissé
des intérêts, heurté des préjugés, irrité des
passions, d'autant plus tenaces et plus ar-
dentes à se venger qu'elles sont plus contraires
à l'intérêt général. Toutes les ambitions, toutes
les cupidités, tous les égoïsmes, persuadés
d'être à l'abri derrière l'étalage des maximes
pompeuses dont ils se couvrent et troublés
dans leur quiétude, sont prompts à se coaliser
contre l'audacieux qui ne craint pas d'arracher
des masques trompeurs pour montrer les vi-
sages à nu.

Tel est le spectacle qu'on a pu voir dans tous les temps et chez tous les peuples.

Heureusement, à moins qu'un peuple ne soit entré dans une décadence irremédiable et que la destinée ne l'ait condamné à disparaître, le feu sacré du patriotisme ne s'éteint jamais dans toutes les âmes. Il s'est toujours rencontré des hommes assez indépendants des misérables querelles des partis pour s'en dégager et s'élever jusqu'à la conception des intérêts supérieurs de la patrie. Et si, trop souvent, ils ont excité contre eux des haines furieuses, si la calomnie et la persécution leur ont fait expier la franchise de leurs paroles et leur dévouement au bien public, parfois aussi ils ont joui de la plus douce récompense. Leurs efforts ont été couronnés de succès : ils ont vu se ranger autour d'eux les bons citoyens, toujours en somme les plus nombreux, que ne peut égarer longtemps ce fanatisme des idées qui tient plus à l'orgueil qu'à l'ardeur de la conviction.

Ces pensées et ces sentiments puisés dans l'étude de l'histoire et fortifiés par mon ardent amour de la patrie ont toujours été les miens ; ce sont eux qui me pressent aujourd'hui de m'adresser à mes concitoyens pour leur exposer des vérités que je crois utiles après toutes les crises que notre République a traversées. A défaut d'éloquence, la sincérité de ma parole, du moins c'est mon espoir, touchera peut-être tous ceux qui ne ferment point de parti pris leurs yeux à la lumière.

Nous sommes l'objet de bien des critiques injustes, inspirées souvent par des calculs intéressés : notre jeune nationalité compte de nombreux ennemis chez quelques peuples étrangers, et certaines ambitions qui nous guettent commencent par nous décrier pour mieux se préparer les voies. Au cours de cette étude, je pourrai relever quelques-unes de ces attaques perfides.

Mais en laissant de côté ce qui est manifestement faux, calomnieux ou tout au moins exagéré dans ces appréciations malveillantes, sommes-nous réellement exempts de tout reproche ? A quoi sert-il de se tromper soi-même ? Avons-nous su prendre parmi les autres peuples la place qui nous convenait, assurer toujours le respect de notre dignité nationale ? A l'intérieur, la situation est-elle satisfaisante, même pour les plus optimistes de nos compatriotes. Tous ceux pour qui le mot patrie n'est pas un vain nom, peuvent-ils la contempler sans tristesse, envisager l'avenir sans quelque doute mêlé d'angoisse ?

N'est-il pas urgent de nous livrer à un sérieux examen de conscience pour rechercher les causes de nos malheurs passés et tâcher ainsi d'en prévenir le retour ? Et si nous découvrons qu'ils ne sont dus qu'à nous-mêmes, à des préjugés, à des passions que la raison condamne, n'aurons-nous pas la volonté de nous corriger ? Nos plus grands adversaires sont obligés de reconnaître la bonté, la douceur et la droiture de la race noire : ne tiendrons-nous pas à prouver qu'elle est aussi capable que toute autre de comprendre et de pratiquer les règles essentielles sans lesquelles aucune société ne peut ou s'établir ou durer ?

Je soumets avec confiance à mes concitoyens le fruit de mes réflexions à ce sujet, heureux si je puis en convaincre quelques-uns, et par là peut-être aider à l'avènement d'un état de choses meilleur pour notre bien-aimée patrie.

En parcourant l'histoire, un fait avant tout m'a frappé, fait sur lequel je veux insister tout d'abord, parce qu'il est général à toutes les nations, que l'histoire de la nôtre en est une confirmation douloureuse, et que, bien compris, il doit singulièrement faciliter la tâche que je me suis imposée.

A toutes les époques, quelle a été la principale source des maux qui ont pu fondre sur un pays ? Les faits répondent : les passions exclusives des partis et leur intolérance haineuse.

Rêver l'unité des opinions serait la plus folle des chimères ; l'existence de partis différents est inévitable sans doute, légitime et même utile, puisqu'elle constitue la vie des nations : la lutte des idées ne peut être que féconde. étant la condition nécessaire du progrès. Mais qui peut se flatter d'avoir toujours raison, de posséder seul la vérité absolue. Des divergences de vues dans la conduite des affaires du pays doivent-elles aller jusqu'à la haine et la fureur ?

Les intérêts particuliers d'un parti ne doivent-ils pas céder aux intérêts généraux de la patrie ? Est-il un bon citoyen celui qui ne veut le bien de son pays qu'autant qu'il s'accorde avec celui du parti auquel il est inféodé ? Si l'on est incapable de concessions envers ses concitoyens, n'est-ce donc pas la preuve qu'un misérable orgueil et peut-être d'autres passions moins avouables encore se dissimulent sous l'enseigne mensongère des principes ?

Quand on n'obéit qu'à des convictions sérieuses, n'est-on pas disposé à respecter celles
des autres et surtout à faire le sacrifice de ses
idées les plus chères sur l'autel de la concorde
et du patriotisme?

Haïtiens, depuis un siècle, vous avez conquis
votre indépendance. Eh bien, jetez un regard
en arrière : contemplez l'instabilité perpétuelle
du pouvoir, les guerres civiles sans cesse re-
naissantes, les flots de sang qu'elle a fait cou-
ler, les ruines qu'elles ont entassées, et dites
quelles compensations vous avez eues pour
tant de malheurs! Quels bienfaits vous ont
apportés tous ces triomphateurs successifs,
maîtres un jour du pouvoir, chassés le lendemain par d'autres dont le succès est aussi
éphémère. Ne pensent-ils qu'au bien du pays
les partis qui se combattent avec tant d'achar-
nement?

Ce fléau des guerres intestines n'est point
certes un mal particulier à notre pays : il n'est
aucun peuple dont les annales ne contiennent
des pages sanglantes. Partout les haines de
parti, le fanatisme, les ambitions criminelles
ont produit, comme des fruits naturels, les
violences, les massacres, la ruine, les excès de
toute sorte. Mais si, là comme chez nous, l'hu-

manité avait à gémir, si le philosophe et l'homme d'État patriote ont dû consacrer leurs efforts à réparer des désastres, à calmer des passions, à guérir les plaies de leur patrie lan-guissante, au moins presque toujours ces fureurs trouvaient-elles un prétexte, si ce n'est une excuse, dans l'importance des intérêts en lutte, dans la grandeur des quèstions qui s'agitaient, parfois aussi dans le prestige et le génie de ces hommes éclatants qui, pour le malheur des peuples, savent les éblouir et les dominer.

Quand on a vu s'armer les uns contre les autres les citoyens d'un même pays, soit pour défendre et propager des croyances religieuses qui formaient le fond intime de leurs consciences, soit pour revendiquer des droits méconnus, ou replacer sur d'autres bases tout l'édifice social, ou combattre une tyrannie qu'on ne pouvait plus endurer, si ce spectacle avait sa tristesse, il offrait aussi, tant les causes étaient grandes et tant les résultats pouvaient avoir d'influence sur les destinées de la nation et parfois de l'humanité tout entière, un intérêt d'une émotion poignante.

Voit-on rien de semblable dans les dissensions qui nous travaillent? Qui pourrait dire nettement ce que veulent tous les partis qui, chez nous, sont en présence? Quels projets d'amélioration sociale, quelles vues de progrès, quels plans d'avenir pour le bonheur, la sécurité et l'accroissement du pays, ont-ils conçus les uns et les autres, qui puissent justifier leur impatience de gouverner, leurs révoltes continuelles quand ils ne sont pas les maîtres?

Deux motifs seuls peuvent légitimer le recours aux armes : le despotisme qui, étouffant les aspirations du pays, ne permet pas à la volonté nationale de s'exprimer librement et force ainsi le peuple à se soulever; ou bien encore les violences exercées par une partie de la nation sur l'autre, autrement dit les abus de pouvoir du parti vainqueur qui se croit en droit de persécuter ses adversaires. En dehors de ces deux cas, qu'on peut appeler de légitime défense, tout citoyen, tout parti est criminel, qui cherche à prévaloir par la force : si tous peuvent aspirer au gouvernement, tous ont le devoir de ne le chercher que par la libre discussion, la propagande légale et le consentement de la majorité de leurs concitoyens.

Ces vérités sont élémentaires dans les pays qui savent pratiquer la liberté, depuis long-

temps acclimatée; en Haïti, malheureusement,
elles sont encore méconnues, et les maux dont
nous souffrons dérivent pour une bonne part
de cette ignorance, ou plutôt de cet oubli.

Mais enfin, éclairés par une expérience chè-
rement acquise, puisant dans l'excès même de
nos souffrances l'énergie nécessaire pour y
mettre un terme, ne saurons-nous pas prendre
les résolutions convenables à un peuple qui,
non seulement veut vivre, mais marcher toujours plus avant dans la voie du progrès, de
la justice, de la civilisation, des ténèbres vers
la lumière? Voulons-nous donner raison à ces
détracteurs de la race noire qui, s'appuyant
sur cette agitation continuelle, nous déclarent
incapables de régler nous-mêmes nos destinées, de constituer un gouvernement régulier?
Ne voyons-nous pas les convoitises toujours
allumées de certaines puissances espérant trouver dans nos troubles une occasion d'interve-
nir pour confisquer notre indépendance.

Quel avenir glorieux et prospère s'ouvrirait
pour notre pays, avec la magnifique fertilité
de son sol, si la raison, reprenant son empire,
ramenait aussi l'union dans les cœurs! Comme
je l'ai déjà dit ailleurs, cette politique de concorde, d'apaisement, de fusion entre les partis,

me paraît la seule qui puisse assurer le bonheur de notre patrie et peut-être la préserver de la ruine. Depuis mon entrée dans la vie publique, elle a été ma pensée constante; c'est elle qui m'avait rangé aux côtés du général Légitime dont j'en attendais l'application; c'est elle aussi qui me fera soutenir, de mes vœux et de mes efforts, tous ceux que je verrai travailler à cette union si nécessaire. Dieu veuille qu'il puisse s'élever un homme capable de grouper autour de lui toutes les bonnes volontés, de les discipliner et d'établir un gouvernement tout à la fois ferme et conciliant, plus préoccupé d'améliorer le sort du plus grand nombre que de satisfaire les ambitions malsaines et les intérêts de quelques coteries!

Pour aider à l'accomplissement de cette œuvre, je crois utile de jeter un coup d'œil sur l'histoire de notre pays depuis l'affranchissement jusqu'à nos jours. Un tableau rapide des événements fera mieux comprendre quelles ont été les causes de toutes ces divisions si longues et si vives, qui dégénèrent si souvent en luttes armées. On verra que c'est dans les origines mêmes qu'il faut chercher la première source de toutes ces agitations et de tous ces maux, dans les conditions où se trouvaient nos pères quand, lassés d'un joug insupportable, ils prirent les armes pour le secouer, dans les circonstances qui ont accompagné cette conquête de notre indépendance. La suite des faits pourra nous éclairer sur nos fautes et nos erreurs, sur les défauts du caractère national, sur les moyens de les extirper enfin et de nous préparer un meilleur ordre de choses.

Si douloureuses que soient les souffrances d'un patient, doit-on craindre de sonder les blessures jusqu'au fond quand on veut les guérir ? Quand il s'agit d'arrêter un pays sur la pente qui le conduit à sa perte, ne serait-il pas indigne de tenir une plume, l'homme qui reculerait devant l'expression des vérités même les plus pénibles ?

Mais il ne suffirait pas d'avoir découvert et caractérisé le mal qui nous ronge, indiqué même les remèdes qu'il convient d'y appliquer. Un peuple, comme un individu, a le devoir de se développer dans tous les sens, d'accroître incessamment ses facultés intellectuelles et physiques. Il sera donc nécessaire d'examiner ensuite ce qu'il faudrait faire pour assurer enfin au pays un gouvernement stable, dont l'urgence est si manifeste : n'est-ce pas le premier besoin d'un peuple, la pierre fondamentale sur laquelle repose tout l'édifice et dont l'absence ne tarde pas à le faire crouler, l'indispensable condition de tous les progrès, sans laquelle il n'y a bientôt plus qu'anarchie et confusion ?

Après avoir déterminé les bases du pouvoir tel que nous devons désirer pouvoir l'établir pour le bonheur de la patrie, ne sera t-il pas utile de rechercher comment nous pouvons mettre en valeur toutes les admirables ressources que la nature nous a prodiguées? Hélas ! jusqu'à présent nous n'en avons su tirer qu'un bien faible parti, ou plutôt, contraste humiliant, notre incurie les a laissés s'amoindrir, depuis que nous sommes possesseurs libres d'un sol que nos pères ont cultivé en esclaves.

COUP D'OEIL SUR L'HISTOIRE D'HAÏTI

Parce que le peuple haïtien, depuis un siècle, n'a pu se constituer encore sur des bases
définitives et qu'il cherche toujours sa voie,
des publicistes se sont hâtés de conclure que
la race noire était incapable de former jamais un corps de nation pouvant prendre une
place durable parmi les peuples civilisés. Un
tel raisonnement est injuste et repose sur une
connaissance imparfaite des faits de l'histoire
d'Haïti, en même temps qu'il méconnaît absolument les qualités propres à cette race plus
apte à se développer dans le sens du progrès
que ne le veulent bien dire ceux qui affectent
de la dédaigner.

Tous les peuples ont eu des commencements
difficiles et laborieux ; il y a loin du degré de
culture intellectuelle auquel plusieurs sont
parvenus à l'ignorance et à la barbarie de
leurs ancêtres. Pourquoi l'évolution qu'ils ont

accomplie peu à peu, à travers les siècles, les
noirs ne pourraient-ils l'accomplir à leur tour.
L'observation impartiale constaterait, au contraire, chez eux, un accroissement rapide de
toutes les facultés de l'intelligence, et chaque
jour diminue la distance qui les sépare de
leurs aînés en civilisation.

Tout peuple à l'origine n'est-il pas comme
un enfant qui ne peut se diriger seul et pourvoir par lui-même aux nécessités de l'existence : tous deux ont besoin de soins continuels et d'une tutelle toujours vigilante qui
leur trace la route à suivre. Si des hommes,
tenus par différentes causes dans un état d'infériorité relative et mal préparés à se gouverner
eux-mêmes, sont appelés brusquement à constituer un peuple distinct, est-il étonnant qu'ils
aient à passer par bien des agitations, à subir
bien des mécomptes, avant de pouvoir fixer
les vraies conditions de leur vie propre et in-
dépendante ? Pour les nations comme pour les
individus, l'expérience ne s'acquiert qu'au
prix des déceptions et des souffrances.

C'est là en quelques mots toute l'histoire
d'Haïti jusqu'à nos jours. Je vais tâcher d'en
dégager les traits principaux et l'enseignement
qui en résulte.

Lorsque, le 5 décembre 1492, Christophe Co-
lomb mit enfin pied à terre dans le nord de
l'île que les Espagnols appelèrent d'abord
Hispaniola et plus tard Saint-Domingue, il ne
prévoyait pas et il eût été sans doute bien
étonné d'apprendre que cette île appartien-
drait un jour aux descendants d'une race
africaine. Il n'entre point dans mon sujet de
raconter comment les Espagnols, employant
tour à tour la violence brutale et la perfidie,
détruisirent les cinq petits États, gouvernés
par des caciques, qui se partageaient le territoire d'Haïti. L'histoire a flétri les cruautés
inouïes déployées envers les malheureux indigènes que leurs barbares conquérants en-
fouissaient dans les mines d'or, où bientôt ils
périssaient par milliers, victimes du fouet, de
travaux excessifs et de traitements atroces.

Un tel système amena promptement la disparition d'une race dont quelques débris à
peine subsistèrent sur des points isolés de la
terre que leurs ancêtres avaient possédée.
Les Espagnols durent chercher ailleurs de
nouveaux peuples à exploiter pour les employer à l'extraction du métal cher à leur ra-
pacité ou les forcer de cultiver pour eux un
sol dont leur indolence ne savait pas tirer

parti. Les premiers, ils donnèrent dans les colonies d'Amérique, ce funeste exemple de la traite et de l'esclavage, dont les nations européennes n'ont compris que dans notre siècle, la honte et le danger et dont les derniers vestiges n'ont pas entièrement disparu.

A quels abus révoltants donna lieu cette odieuse pratique, quels faits monstrueux elle produisit, tout le monde le sait et je n'ai pas à en faire le récit. Il suffit de noter ce qui peut servir à faire comprendre quelle était la situation du peuple haïtien quand il se souleva contre ses oppresseurs, et quelles conséquences en résultèrent pour lui et se font sentir jusque dans son état actuel. Le passé se répercute longtemps dans l'avenir : ce n'est généralement qu'avec lenteur qu'un peuple modifie ses idées, ses mœurs, ce qui constitue en quelque sorte son caractère social.

On ne s'expliquerait pas bien des préjugés encore existants, bien des tendances mauvaises, bien des passions contraires au bon ordre et à l'avenir du pays, si l'on ne voyait qu'ils ont leur racine dans les conditions matérielles et morales que réservait aux populations transplantées de l'Afrique la tyrannie sanguinaire et avide de leurs dominateurs.

Les Français, d'abord établis à l'île de la Tortue et bientôt encouragés dans leurs essais de colonisation par le gouvernement de Louis XIV, devinrent maîtres de la partie occidentale de Saint-Domingue par la cession que les Espagnols leur en firent au traité de Ryswick en 1697. Malgré le caractère plus doux de cette nation et son génie essentiellement civilisateur, le sort de la population noire changea peu. Au lieu d'instruire et de moraliser, ce qui sans doute est le devoir de ceux qui ont eu le bonheur d'être éclairés les premiers, on affectait de croire qu'il est des races inférieures incapables de développer leur intelligence et de s'élever dans l'échelle des êtres humains, et l'on maintenait soigneusement dans l'ignorance et la grossièreté les malheureux arrachés à leur pays et à leurs familles. Opinion commode pour justifier tous les excès et pouvoir traiter des hommes, que la nature a tous faits égaux, comme de véritables bêtes de somme.

Et l'on fait un crime au peuple qui a subi cette destinée et reçu cette éducation, de n'avoir pu s'élever encore, après moins d'un siècle, au plus haut sommet de la civilisation et d'avoir quelques tâtonnements dans sa

marche ? Une société toute faite et bien organisée pouvait-elle succéder tout d'un coup
chez lui à l'état de désorganisation et d'abru-
tissement où par système on le tenait plongé ?
Ces vices qui sont encore les siens aujour-
d'hui, il est vrai, et qu'on lui reproche, où les
a-t-il contractés, si ce n'est dans la condition
misérable, pire que celle des antiques ilotes, à
laquelle il était réduit, et dont il s'est affranchi
par un effort de courage ?

Courbé tout le jour sur un travail pénible et
sans relâche, exposé pour la moindre'infraction,
pour le moindre signe de lassitude, aux cruautés de ses maîtres, qui pouvaient s'exercer sans
contrôle, le malheureux nègre ne trouvait que
le soir un peu de repos dans les chétives cases
où il s'abritait. Pour fêtes et pour consolation,
les cérémonies introduites par ses superstitions
grossières, auxquelles on l'abandonnait, sans
que jamais aucun effort sérieux fût fait pour l'en
tirer ; pour soulagement à ses maux, l'ivresse
puisée dans le tafia, dont on voulait bien lui per-
mettre l'usage immodéré. D'ailleurs, plus de
famille, plus de liens sociaux : les enfants en-
levés à leurs parents et dispersés au hasard,
suivant la fantaisie d'un maître absolu ; le
mariage à peu près aboli, remplacé par une

promiscuité entre les sexes, qui changeait à
chaque instant d'objet, et ces habitudes non
seulement tolérées, mais encouragées par des
maîtres qui y trouvaient leur compte ; les
femmes de race noire soumises à toutes les
convoitises de la luxure des blancs, et, quand
elles avaient cessé de plaire, rejetées comme
un meuble inutile.

Cet abîme de honte et de misère, où peut-
être aurait sombré sans retour l'énergie de
tout autre peuple, ne put engloutir cependant
l'indomptable vigueur de la race noire, et,
quand les circonstances le permirent, elle
montra bien que chez elle tous les ressorts
n'étaient pas brisés, lorsque, par un effort
admirable, elle sut en sortir et se rendre maître
du sol, devenu sa nouvelle patrie, qu'elle avait
mérité en l'arrosant de ses sueurs. Cependant
un pareil passé ne peut s'évanouir sans laisser
des traces fatales encore visibles aujourd'hui,
et c'est précisément pour aider à les effacer
plus vite qu'il était bon d'en signaler l'origine.

Avant cette époque mémorable qui vit l'affranchissement du peuple noir d'Haïti, on ne
peut nier qu'un peu d'adoucissement ne com-
ençât à se faire sentir dans sa condition : les

idées de justice et d'humanité, propagées par les grands philosophes du XVIIIe siècle, n'étaient pas sans exercer quelque influence jusque sur la classe orgueilleuse et égoïste dont la domination avait été si brutale. Sans rien abandonner de ses préjugés de couleur, elle commençait à reconnaître que les nègres peut-être pour avoir une peau différente, n'étaient pas moins des hommes. Déjà un certain nombre de noirs avaient obtenu leur liberté, et s'ils n'avaient encore aucun des droits civils et politiques des blancs, du moins ne croupis-saient-ils plus dans cette dégradante servitude, qui, hélas! était encore le lot de l'immense ma-jorité de leurs frères.

La classe intermédiaire connue sous le nom de mulâtres, issue des unions entre les blancs et les noirs, quoiqu'elle fût dégagée des liens de l'esclavage, n'avait non plus aucune part au gouvernement et à l'administration de la colonie. Unie aux noirs devenus libres, elle formait un noyau assez important qui avait un grand rôle à jouer, une noble mission à remplir, si elle savait le comprendre, si la va-nité de compter quelques gouttes de sang blanc dans ses veines ne l'égarait pas, si, à son tour, elle ne se croyait point tenue de

mépriser un peuple dont la nuance sans doute
était un peu plus foncée, mais auquel tout la
rattachait et qui était sa vraie famille d'origine. Malheureusement les hommes de couleur
se montraient peut-être plus jaloux de la suprématie des blancs et plus désireux de parti-
ciper à leur domination que d'aider leurs frères
noirs à recouvrer la liberté que personne
n'avait jamais eu le droit de leur ravir, et de
les mettre en possession d'avantages qu'ils am-
bitionnaient surtout pour eux-mêmes.

Le respect pour la vérité, qui doit primer le
désir de plaire à certaines classes ou à certaines individualités, ne permet pas d'émettre
cette constatation douloureuse à cet endroit
de l'histoire d'Haïti où je suis parvenu. Ce
malheureux préjugé de couleur, qui n'est au
fond que le fruit d'une vanité puérile, ne
fut pas sans conséquences fâcheuses dans
les événements qui ne tardèrent pas à se produire, et, comme tout s'enchaîne dans les
choses humaines, les résultats s'en sont pro-
longés jusqu'à nos jours. Qui pourrait affirmer
qu'il n'est pas encore un des principaux fac-
teurs dans les difficultés et dans les luttes
actuelles ? Mais je ne veux pas anticiper.

Tel était l'état des choses dans Haïti à la veille

de la grande Révolution française de 1789.
Quarante ou cinquante mille blancs possédaient presque toutes les richesses, seuls avaient
des droits politiques et continuaient de faire
peser sur la population noire un joug intolé-
rable ; en face d'eux un nombre à peu près
égal de mulâtres rêvait de partager les privilèges des blancs, assez insoucieux du sort
des cinq ou six cent mille noirs qui gémis-
saient dans le plus triste esclavage ; un petit
nombre de ces derniers était devenu libre.
La situation économique de l'île était d'ailleurs florissante, son commerce prospère, mais
je me réserve d'en dire quelques mots dans une
autre partie de cette étude.

L'immense révolution qui s'accomplissait
en France, point de départ d'une nouvelle
ère de justice et de progrès pour le genre hu-
main tout entier, et la proclamation des droits
de l'homme inscrite solennellement en tête de
la nouvelle constitution française, eurent leur
contre-coup nécessaire dans toutes les classes de
la population haïtienne. Une agitation impossible à comprimer se manifesta chez les mulâtres et chez les noirs ; les uns et les autres con-
çurent des espérances auxquelles on ne put se
refuser de donner quelque satisfaction. Par

un décret en date du 28 mars 1790, l'Assemblée constituante accordait aux mulâtres et aux noirs affranchis les droits que les blancs seuls avaient jusqu'alors possédés.

L'orgueil des blancs se révolta à l'idée que des hommes pour lesquels ils n'avaient jusque-là montré que du mépris et qu'ils avaient toujours tenus soigneusement à distance, se trouvaient mis avec eux sur un pied d'égalité. Chose curieuse! leur haine en voulait moins aux noirs affranchis qu'aux hommes de couleur dont les prétentions de se rattacher à eux les irritaient davantage. Ils refusèrent de se soumettre aux décrets de l'Assemblée constituante, et fermèrent l'entrée des assemblées coloniales aux hommes de couleur. Bien mieux, interprétant à leur manière les principes de 1789, et n'en prenant que ce qui pouvait s'accorder avec leurs intérêts et leurs passions égoïstes, ils annoncèrent le dessin de secouer, au moins en partie, la tutelle de la métropole en se donnant une espèce d'autonomie administrative.

Les hommes de couleur, repoussés par une caste dont ils avaient toujours recherché les faveurs et ne pouvant pas même jouir des nouveaux droits qui leur étaient concédés, comprirent enfin qu'ils ne pouvaient rien sans l'appui de cette population noire. Appelés à l'indépendance par les mulâtres, les noirs écoutèrent leur voix : un soulèvement formidable éclata sur tous les points de la colonie française.

Là comme toujours on vit ce que peuvent produire de fureurs les haines accumulées, pendant une longue suite de générations, dans l'âme d'un peuple courbé sous une cruelle oppression, et que l'excès de ses souffrances pousse enfin à se venger ou à périr. La magnifique plaine qui entoure Port-au-Prince n'offrit bientôt qu'une vaste scène de carnage et de ruine ; les riches habitations des planteurs s'écroulèrent dans les flammes ; partout l'incendie promena ses torches, partout le sang coula à flots. Le peuple noir, ivre de vengeance, fit expier en quelques jours à ses maîtres affolés, ses longues années d'humiliations et de tortures intolérables. Les blancs et leurs familles trouvèrent à peine un refuge dans les villes où ils se renfermèrent. Fermons les yeux devant ces tableaux d'une grandeur sinistre et dont l'humanité ne peut que s'affliger. Ils contiennent cependant un enseignement qu'il faut mettre en lumière : c'est que tout s'expie ici-bas, qu'on ne peut violer im-

punément toutes les lois divines et humaines
et que les oppresseurs préparent toujours à
un moment donné, pour eux et pour leurs descendants, de terribles retours. C'est sur eux
aussi que doit retomber justement la première
responsabilité de tous les malheurs dont ils
sont la cause originaire.

Revenus de leur stupeur et de leur effroi,
les blancs songèrent bientôt à prendre leur
revanche : la lutte s'engagea partout entre les
colons et leurs anciens esclaves révoltés. Malgré leurs intrigues à Paris, les blancs ne reçu-
rent pas de la métropole les secours qu'ils
avaient espérés. Les assemblées révolution-
naires, conséquentes avec les principes de
liberté dont elles voulaient assurer le profit à
la France et au monde, eurent le courage et la
gloire de considérer ce qui était la justice plus
peut-être que l'avantage matériel et immédiat
de leur pays. Les agents de la France en Haïti
avaient déjà reconnu officiellement en 1793 l'affranchissement des noirs, lorsque la célèbre
Convention nationale y met le sceau en 1794,
en décrétant qu'il ne devait plus y avoir que
des hommes libres dans toute l'étendue de
la colonie française.

L'esprit de caste fit voir alors jusqu'où peut

aller son orgueil. Plutôt que de reconnaître à des hommes d'une couleur différente ce droit à la liberté, qui est le droit naturel de tous les êtres humains et que le plus odieux abus de la force peut seul leur ravir, les blancs préférèrent renier leur patrie, et, poussant leur crime encore plus loin, ils appelèrent les Anglais et les Espagnols à leur secours, sacrifiant tout, devoir et honneur, à la passion de replacer sous le joug leurs esclaves émancipés.

Etrange renversement des rôles ! ce furent ces noirs si méprisés, si longtemps en proie à tout ce que la tyrannie peut avoir de plus cruel, qui, reconnaissants à la France de les avoir affranchis, luttèrent contre leurs anciens maîtres et leurs alliés pour lui conserver la plus belle de ses colonies. Cette race que l'on proclamait inférieure, dont on affectait de nier l'intelligence, montra bien alors que la nature n'a point accordé de privilèges exclusifs à la couleur de la peau, et que toutes, en accroissant leurs facultés, sont appelées à prendre leur place dans la famille humaine. Du sein des noirs sortit pour les conduire à la victoire un grand nombre d'hommes remarquables qui déployèrent des talents supérieurs, et parmi eux on vit briller au premier rang l'illus-

tre Toussaint Louverture. Si le nom de génie,
que l'on prodigue peut-être quelquefois, convient à l'homme qui ne doit rien qu'à lui-
même, dont une instruction négligée n'a pu
développer les facultés naturelles, et qui cependant, toujours à la hauteur des circonstances, si difficiles qu'elles soient, sait trouver
les ressources nécessaires et les moyens de les
surmonter, qui le mérita mieux que Toussaint
dont l'intelligence vigoureuse lui permit de
déployer les talents d'un général habile aussi
bien que ceux d'un homme d'Etat connaissant
les besoins de son pays et sachant le gouverner ?

Mon but étant moins de raconter les faits
dans leur minutie que d'en marquer au fur et
à mesure la signification, je n'ai point à faire
le détail des campagnes de Toussaint Louverture. Ce général non seulement réussit à dé-
jouer tous les efforts des colons appuyés par
les Espagnols et les Anglais, mais, franchissant
les bornes de la partie française, il expulsa de
l'île toutes les armées étrangères et la réunit
tout entière sous son gouvernement. Ainsi ces
Espagnols, premiers dominateurs d Haïti,
étaient chassés par un chef noir, devenu le ven-
geur des anciens indigènes exterminés par eux.

Cependant, fidèle à mon devoir· de patriote qui n'écrit que pour éclairer mes concitoyens, je dois noter ici l'antagonisme qui s'éleva entre Toussaint Louverture et Rigaud, dont les exploits dans la partie sud d'Haïti étaient célèbres. La lutte armée à laquelle leurs dissentiments les entraînèrent, ne fut malheureusement que le prélude de plusieurs autres qui éclatèrent à différentes époques dans la suite, toutes occasionnées par des causes semblables. Il convient donc de les relever en ce moment. Toussaint Louverture appartenait à la race noire, tandis que Rigaud était un homme de couleur. Sur quels faits probants reposent ces démarcations qu'on veut établir, où et comment, s'est donc manifestée avec évidence cette supériorité des uns, cette infériorité des autres ? Cessons de demander à nos concitoyens quelle est la quantité exacte de tel ou tel sang qui coule dans leurs veines, et sachons reconnaître et honorer l'intelligence et les vertus civiques partout où elles se trouvent.

La lutte de Toussaint Louverture et de Rigaud, qui m'a permis d'observer cette première cause de désaccord entre les membres d'une même famille, fournit l'occasion naturelle d'une autre remarque qui a son importance, car elle s'applique à un fait dont l'influence s'est fait sentir aussi dans les luttes postérieures. Avant la Révolution, la partie nord d'Haïti avait acquis une certaine suprématie sur la partie plus méridionale, grâce au nombre plus considérable alors de sa population, à ses cultures plus développées, et, ce qui en était le résultat, à sa richesse plus grande. De là, entre les diverses portions du territoire haïtien une certaine rivalité dont la trace est encore visible jusque dans nos dissensions les plus récentes.

L'esprit d'impartialité et de vérité absolue qui est ma règle et dont je me suis réclamé dans les premières pages de cet écrit, m'obligeait à ne pas négliger de signaler cette cause de division, si secondaire qu'elle puisse paraître.

Quoi qu'il en soit l'autorité de Toussaint Louverture ne tarda pas à rencontrer un assentiment unanime. Après que l'Espagne eût cédé à la France, par le traité de Bâle en 1795, la partie de l'île qu'elle avait jusquelà possédée et que Toussaint avait conquise, ce général dut s'occuper de la réorganisation et du gouvernement d'un pays dont ses talents avaient assuré l'affranchissement définitif. Il ne désirait pas le soustraire à la protection de la France ; il croyait préférable de ne pas briser les liens qui unissaient ce pays à son ancienne colonie. Quoique la France fût alors engagée dans une lutte gigantesque qui absorbait toutes ses forces, et que, d'ailleurs, la destruction de sa marine lui enlevât tout moyen d'envoyer aucune expédition en Haïti, les Anglais, maîtres incontestés de la mer, pouvant facilement en intercepter le passage, Toussaint Louverture ne fit rien pour profiter de ces embarras. Persuadé que l'indépendance de sa patrie serait garantie d'une manière aussi effective en reconnaissant la souveraineté de la France, pourvu que la libre administration de l'île fût laissée à ses habitants affranchis, il continua d'agir au nom du gouvernement français dont il se donnait comme le représentant et le délégué.

L'assemblée centrale convoquée par lui et composée de dix membres nommés par les diverses provinces, lui confirma cette situation, en lui décernant le titre de gouverneur à vie par son vote du 9 mai 1801. C'était en réalité confier à Toussaint Louverture un pouvoir absolu, presque dictatorial. Si les peuples peuvent jamais être excusables d'abdiquer entre

les mains d'un homme et de s'en remettre à
lui sans contrôle du soin de régler à son gré
leurs destinées, Toussaint Louverture, sans
aucun doute, était plus digne que tout autre
d'exercer une autorité aussi étendue. D'ailleurs au moment où le peuple haïtien passait
subitement de l'esclavage à la liberté et ne
pouvait encore en connaître les conditions indispensables pas plus qu'il n'avait acquis les
lumières suffisantes pour se gouverner lui-
même, peut-être était-il nécessaire de constituer un pouvoir fort, capable d'imposer aux
factions et de rétablir l'ordre dans un pays
troublé et dévasté par des guerres affreuses.

Les vues politiques de Toussaint Louverture
conciliaient les intérêts de la France et ceux
d'Haïti, et peut-être doit-on regretter pour les
deux pays qu'elles n'aient pas réussi à prévaloir. En consacrant l'indépendance des Haïtiens, ce qui leur tenait le plus au cœur, elles
conservaient en effet à la France, devenue
protectrice d'un jeune peuple qui ne demandait
qu'à se laisser guider par elle, tous les avantages qu'elle retirait de la plus belle de ses
colonies. Mais le général Bonaparte, que le
coup d'état du 18 brumaire avait fait chef
absolu du pouvoir en France sous le titre de

Premier Consul, s'était laissé circonvenir par les anciens colons qui n'avaient pas épargné les mensonges à l'égard de leurs esclaves révoltés, et qui lui avaient persuadé que rien ne serait plus facile que de les faire rentrer dans l'obéissance.

Bonaparte, d'ailleurs, n'aimait nulle part la liberté qu'il avait détruite en France, et, par instinct de despote, était enclin d'avance à voir d'un mauvais œil une insurrection dont on lui avait dénaturé le sens et la portée. De plus, l'apparat dont Toussaint Louverture avait cru devoir s'entourer pour frapper plus vivement l'imagination des Haïtiens, certaines formes officielles imitées de celles que le Premier Consul lui-même avait imaginées pour rehausser l'éclat de son pouvoir, irritèrent ce dernier qui, par une mesquinerie indigne de sa gloire et de son génie, en voulait au chef noir d'avoir pu en quelque façon se comparer à lui. Une lettre dans laquelle Toussaint Louverture lui tenait le langage digne et fixe qui convient au chef d'une nation libre et qui veut le rester, acheva d'indisposer l'immense orgueil d'un homme habitué déjà à ne rencontrer devant lui que des attitudes humbles et des fronts bassement courbés.

La fatale expédition destinée à rétablir en Haïti l'ordre de choses renversé par la Révolution fut décidée par Bonaparte, et le général Leclerc, son beau-frère, débarqua dans l'île en 1802 à la tête d'une armée de vingt mille hommes. Toussaint Louverture, voulant éviter à son pays les malheurs d'une guerre nouvelle, était prêt à faire toutes les concessions qui, ne portant que sur son pouvoir personnel, ne seraient pas incompatibles avec l'affranchissement du peuple haïtien, qu'il fallait avant tout sauvegarder. Il ne tarda pas à comprendre que le véritable objet des instructions données par le Premier Consul au général Leclerc était le rétablissement de l'esclavage. Il vit aussi clairement qu'on en voulait à sa propre liberté, parce que le gouvernement français le considérait comme le seul obstacle qui pût empêcher la réalisation des desseins que le général Leclerc était chargé d'exécuter. Toussaint Louverture dut penser à mettre sa personne en sûreté : le général français alors, dont l'armée avait déjà beaucoup souffert par suite des maladies, commençant à comprendre toutes les difficultés de la mission qui lui avait été confiée, irrité de trouver des embarras qu'il n'avait pas prévus, se laissa entraîner à des

actes contraires à la loyauté française : le géné-
reux Toussaint Louverture tomba dans le
piège que lui avait tendu la perfidie. Fait prisonnier par les Français, il fut envoyé dans
les cachots humides et froids du fort Joux où
le plus grand des fils de la race noire, arraché
brusquement au climat chaud de la zone tor-
ride, succomba bientôt, en 1803, aux rigueurs
de la température non moins qu'à ses angoisses
sur l'avenir réservé à ses frères noirs.

Le Premier Consul dut bientôt s'apercevoir
que la capture du chef des noirs, résultat d'une
politique tortueuse, imprimait à sa mémoire
une tache inutile. Cette fois comme en d'autres circonstances, il put voir que le mépris
dont en général il enveloppait les hommes
n'était pas justifié. Ces nègres pour lesquels il
avait un tel dédain que la seule idée d'un rap-
prochement possible avec quelqu'un d'entre
eux avait suffi à l'irriter et lui semblait un
abaissement, lui prouvèrent que, s'ils étaient
encore inférieurs à d'autres peuples par le
degré de culture intellectuelle, ils les éga-
laient du moins par le courage; ce furent eux
qui, les premiers, lui donnèrent une leçon
que d'autres lui répétèrent plus tard, à savoir
que la force, même au service du plus grand

génie, ne peut pas tout ce qu'elle veut, que
la crainte et l'intérêt ne sont pas les seuls
mobiles auxquels les hommes obéissent, et
que la passion de l'indépendance est une puissance aussi avec laquelle les plus fiers despotes
doivent compter. Aussi, plus tard, lorsque
sur ce rocher de Saint-Hélène où sa fortune
était venue s'échouer, celui qui s'était appelé
l'empereur Napoléon repassait d'un œil mé-
lancolique son éclatante carrière, il avouait
que sa tentative sur Haïti avait été une de ses
plus grandes fautes, qu'il avait surtout méconnu le caractère et l'esprit de Toussaint
Louverture, et il rendait alors justice à celui
qui fut sa victime.

La grande figure de Toussaint Louverture,
que les Haïtiens honoreront toujours comme
le premier fondateur de leur indépendance.
méritait que je m'y arrête avec quelques développements.

L'emprisonnement de leur chef fut une sinistre lumière qui dessilla les yeux des Haïtiens
et les éclaira sur le véritable but de l'expédition française. Le patriotisme et la crainte de
retomber sous un joug odieux, si récemment
secoué, firent taire encore une fois tous les
dissentiments : noirs et mulâtres unirent de

nouveau leurs efforts. Une lutte aussi acharnée
que celle qui avait eu lieu dix ans auparavant
s'engagea sur tous les points. Si d'un côté se
trouvait la science militaire des généraux et
des soldats éprouvés dans les longues guerres
de la Révolution française contre l'Europe, la
supériorité de l'armement, de l'autre on voyait
des hommes qu'animait la sainte passion de
l'indépendance et de la liberté qui, en ayant
goûté les fruits, ne voulaient plus les perdre,
et qui d'ailleurs avaient trouvé des chefs
dignes d'eux et capables de les conduire. Dessalines, Rigaud, Petion, rivalisaient d'exploits,
et, soutenus par le dévouement infatigable de
leurs soldats, ayant adopté, grâce à leur par-
faite connaissance des lieux, la tactique la
plus convenable à leur pays, ils eurent bientôt
réduit les Français à l'occupation de quelques
points de la côte. Décimés par les maladies,
découragés par la mort du général Leclerc,
les débris de la brillante armée française
durent se rembarquer, succombant sous l'in-
vincible opiniâtreté d'un peuple noir.

Ainsi la France, par la faute du maître qui la
dominait alors, perdait une colonie qu'eût pu lui
conserver une politique plus habile et plus res-
pectueuse des droits naturels des hommes. Le

1er janvier 1804, l'indépendance d'Haïti était solennellement proclamée aux acclamations de l'immense foule réunie dans la plaine des Gonaïves. Heureux les Haïtiens s'ils avaient compris, dans toute sa portée, l'enseignement que revélaient pour eux les événements accomplis! Qui leur avait permis de triompher, d'abord des colons appuyés par les armes étrangères, puis des forces envoyées contre eux par le plus grand capitaine des temps modernes? C'est que tous, noirs et mulâtres, étaient unis dans une même pensée, qu'ils avaient combattu sans regarder à la couleur de leurs compagnons d'armes ou de leurs chefs, ne demandant à ceux-ci que de les conduire à la délivrance, but commun pour lequel tous étaient prêts à sacrifier leur vie.

Quelle énergie les uns et les autres ne surent-ils pas déployer! quelle surprise pour ces blancs si orgueilleux et si méprisants de voir ces hommes de race noire et mêlée, égaler en activité, en courage, en ténacité obstinée dont ne pouvait venir à bout aucune fatigue, que ne pouvait lasser aucun péril, tout ce que l'histoire, dans tous les temps, peut offrir de plus héroïque! Comment, du sein d'une population tenue dans l'ignorance, comprimée par une longue servilité, put-il sortir tant d'hommes dont les talents surent affronter pour les vaincre des difficultés qui semblaient insurmontables? Où pourrait-on trouver ailleurs un tableau plus digne d'exciter l'intérêt et l'admiration?

Mais toutes ces qualités que la race noire déploya dans ces jours mémorables aux yeux du monde étonné, eussent été inutiles si pendant tout le cours de cette lutte terrible, l'union la plus intime n'eût pas régné dans les sentiments et les volontés, si le grand objet qu'il fallait atteindre, toujours présent à l'esprit de tous, n'eût imposé silence aux rivalités, aux intérêts personnels, et, ce qui est encore plus difficile, aux préjugés et à la vanité même. L'union seule, il ne faut pas cesser de le répéter, procura le succès, et seule aussi, hélas! elle pouvait lui faire produire toutes ses conséquences.

Eh bien, maître enfin de lui-même et possesseur libre du sol le plus riche de la terre, le peuple haïtien a-t-il su tirer de son indépendance tous les fruits qu'il en pouvait attendre? S'est-il rendu compte que la vie des peuples, comme celle des individus, est faite d'un labeur incessant, que le repos jamais n'est assuré, et qu'il ne suffit pas d'avoir su conquérir la liberté si l'on ne sait la mettre en pratique et, non seulement en conserver, mais en étendre les bienfaits. Comment n'a-t-il pas su que, pour se maintenir et se développer, un peuple a besoin des mêmes qualités et des mêmes efforts qui lui ont permis de fonder son indépendance ? L'union, nécessaire pour naître, est aussi indispensable pour s'affermir et pour durer.

Pour avoir plusieurs fois oublié ces vérités essentielles, le peuple haïtien se préparait des souffrances et devait passer souvent par de cruelles épreuves, comme la suite des événements suffira pour le démontrer. Qu'il comprenne donc les leçons de l'expérience et sache enfin tourner le dos à tous ces agitateurs qui n'exploitent ses préjugés que pour satisfaire leur ambition.

Dessalines, qui avait montré dans la guerre de l'Indépendance une activité si prodigieuse et des talents militaires si remarquables, fut nommé par acclamation gouverneur à vie, titre qu'avait déjà porté Toussaint Louverture. Sa popularité était grande et méritée, mais peut-être avait-il les qualités d'un général habile, propre à agir dans une période révolutionnaire et violente où souvent il ne faut

reculer ni devant l'audace ni devant la ruse,
plus que celles d'un homme d'État dont la fermeté ne doit jamais être dure. Mais surtout
quand les circonstances ont obligé d'investir
un citoyen d'un pouvoir presque sans bornes,
il doit savoir en tempérer la rigueur par une
certaine modération. On peut regretter que
Dessalines ne fût pas suffisamment pénétré de
ces nécessités et de ces obligations.

Il est rare que le pouvoir absolu n'éblouisse
pas ceux qui en sont revêtus : les plus grands
génies et les caractères les mieux trempés
n'ont guère su, à toutes les époques, résister à
ses attractions ; les César et les Napoléon ont
toujours trouvé plus d'imitateurs que les Wa-
shington et les Toussaint Louverture. Quand
on peut tout, on franchit aisément les limites
qu'un chef de gouvernement dictatorial devrait
s'imposer à lui-même, à défaut d'un contrôle
organisé légalement sur ses actes. Excité par
l'ardeur farouche de son patriotisme et sa haine
contre tout ce qui lui rappelait les anciens
oppresseurs de sa race, Dessalines se laissa
entraîner à une action que ses services, si
grands qu'ils soient, ne peuvent excuser, car
si, dans les emportements mêmes d'une lutte
acharnée, on est cependant blâmable de violer

l'humanité, quelle raison pourrait justifier le vainqueur, quand le combat est terminé, d'abuser de sa victoire en attentant à la vie de ses ennemis désarmés. Les passions fougueuses de Dessalines ne surent pas le préserver de cet égarement : au mois d'avril 1804, il laissait accomplir le massacre des Français restés dans l'île après le départ des restes de l'armée du général Leclerc, et il osait en revendiquer hautement la responsabilité et la réclamer comme un titre de gloire.

Quand une fois on s'est engagé dans une voie funeste, qu'il est difficile de s'y arrêter ! il semble, au contraire, qu'on ait hâte de la parcourir jusqu'au bout. Cette gloire, dont Dessalines était avide et qu'il cherchait par tous les moyens, serait plus sûrement acquise à sa mémoire et surtout plus pure, s'il eût succombé, les armes à la main, à la fin de la guerre de l'Indépendance. Non seulement il ne se serait point souillé d'un crime inutile et sans prétexte, mais l'ambition désordonnée qui bientôt s'empara de lui ne lui eût point faussé le jugement au point de chercher ailleurs des modèles qui ne convenaient à son pays pas plus qu'à lui-même. Le bruit que faisait dans le monde l'empereur Napoléon lui

tournait la tête : ne comprenant la différence
ni des lieux ni des situations, il croyait augmenter son prestige personnel en accolant à
son nom un titre plus pompeux que celui de
gouverneur à vie, qu'il avait reçu de la reconnaissance de ses compatriotes. Au mois d'octobre 1804, il se faisait proclamer empereur
sous le nom de Jacques II : triste exemple
d'une vanité qui transformait un héros en
despote !

Poussant jusqu'au bout l'imitation de
l'homme éblouissant dont l'exemple l'égarait,
Dessalines crut que ce nouveau titre lui donnait
aussi le droit de ne suivre d'autre règle que
son empire, et qu'il était tellement au-dessus
des autres qu'il pouvait se dispenser de suivre
aucun conseil. La prison et parfois la mort
furent le châtiment de ceux qui lui résistaient.
Pour être juste, il faut cependant reconnaître
que ses projets, en général, étaient bien conçus, ses vues grandes, et qu'elles tendaient à
améliorer le sort de la masse, de cette population noire à laquelle il appartenait. Si les
moyens de sa politique doivent être condamnés, il faut reconnaître néanmoins que,
dans l'ensemble, elle était inspirée par une
vision nette de la véritable direction à donner

au pays et le désir sincère de lui être utile : le patriotisme de Dessalines ne peut être mis en doute.

Les adversaires de son gouvernement, très nombreux, surtout parmi les hommes de couleur, trouvèrent naturellement, pour l'attaquer, un prétexte facile et plausible dans ses abus de pouvoir. Une révolte, formulée par les mulâtres, éclata contre lui dans le sud d'Haïti. Dessalines, partant de Port-au-Prince pour la combattre, tomba dans une embûche qu'on lui avait habilement tendue à quelque distance de cette ville et périt assassiné en octobre 1804. Le désir de le renverser du pouvoir plus que l'amour du bien public avait dirigé les coups de ses ennemis, mais on ne peut nier que Dessalines avait ouvert une voie mauvaise en essayant d'établir le despotisme, et que bien d'autres, dans la suite, essayèrent de marcher sur ses traces. Ils trouvèrent toujours de l'appui chez un trop grand nombre de citoyens qui, voyant fort bien la nécessité d'un gouvernement ferme, ce qui est, en effet, le premier besoin d'une nation, ne savent pas le distinguer de la tyrannie qui n'en a que le vêtement extérieur et qui n'en est, souvent, que le contre-pied.

Ainsi, dès le début, les destinées du pays se trouvaient mal engagées : il y avait en présence ceux qui ne concevaient le gouvernement que sous la forme d'un empire ou d'une dictature jouissant d'une autorité absolue et sans contrôle, et ceux qui ne tendaient, en réalité, qu'à remettre le pouvoir aux mains d'une classe. En dehors d'eux, il est vrai, il ne manquait pas de citoyens éclairés, de véritables amis de leur pays, qui avaient conçu des vues plus saines sur l'organisation qu'il convenait de lui donner, et parmi eux aussi se trouvaient des hommes qui avaient marqué glorieusement dans la guerre de l'Indépendance. Capables de constituer ce gouvernement fort et à la fois sage et modéré qui, seul, pouvait garantir l'avenir du peuple haïtien, peut-être eussent-ils réussi à fonder une œuvre durable, si le défaut de lumières, trop général encore dans les couches profondes de la société haïtienne, ne la rendait trop accessible aux séductions mensongères des intrigants de haut et bas étage.

Toutes ces tendances opposées ne tardèrent pas à se manifester dans les circonstances qui suivirent la mort de Dessalines. Un gouvernement provisoire avait été institué, ayant à sa

tête le général Christophe. En même temps
une assemblée, formée de députés nommés par
toutes les provinces, se réunissait à Port-au-
Prince. Elle élaborait une Constitution établis-
sant une sorte de gouvernement parlementaire,
formé d'un président de la République, chef
de l'exécutif, ayant l'initiative des lois, et d'une
assemblée qui, seule, avait le pouvoir de les
voter. L'Assemblée constituante décerna la
présidence au général Christophe ; mais celui-
ci, trouvant trop restreint le pouvoir qui lui
était attribué, différa son acceptation, élevant
des doutes sur la validité de la constitution
promulguée. Prenant prétexte de ce que, sous
l'influence de Petion, le nombre des députés
qui aurait dû être attribué eu égard à leur
population, aux provinces du Sud et de l'Ouest,
avait été arbitrairement augmenté, il contes-
tait les pouvoirs de l'Assemblée constituante
qu'il déclara illégale. Celle-ci, où l'action de
Petion était prédominante, revenant sur son
premier vote, le nomma président à la place
de Christophe, pendant que, de son côté, celui-
ci se faisait proclamer au Cap, par ses partisans et ses soldats, président et généralissime
de l'État d'Haïti.

La guerre était inévitable entre deux

compétiteurs dont l'un se réclamait du vote d'une assemblée qui représentait le pays et l'autre refusait de reconnaître à cette même assemblée le droit même de l'émettre. En réalité des intérêts opposés se dissimulaient derrière ces deux chefs : l'antagonisme déjà signalé entre le Nord et le Sud exerçait ici son action, mêlé aux divergences dans les visées politiques. Christophe, en effet, que l'exemple de Dessalines n'avait pas instruit, tenait comme lui ses yeux fixés sur la France et son chef et se croyait de taille à jouer un rôle semblable en Haïti ; il représentait la nuance ultra-autoritaire. Petion, plus imbu des principes libéraux de la grande Révolution française, croyait qu'un pouvoir solidement assis et possédant assez d'initiative pour n'être point entravé dans ses desseins par une opposition inconsidérée, était nécessaire à un peuple jeune et bien peu instruit encore, mais il ne le jugeait point incompatible avec un contrôle sérieusement organisé : la forme républicaine lui paraissait la plus propre à assurer ces diverses conditions.

Quoi qu'il en soit, les hostilités commencèrent promptement : Christophe, d'abord victorieux, poursuivit Petion jusqu'à Port-au-

Prince où il l'obligea de se renfermer, mais il
ne put vaincre la résistance que cette ville lui
opposa. Obligé de battre en retraite, il resta
cependant maître de la partie du territoire qui
l'avait reconnu pour chef. La lutte entre les
deux adversaires continuait avec diverses péripéties lorsqu'un nouvel élément vint la com-
pliquer, de nature, semblait-il tout d'abord,
en affaiblissant Petion, à faire pencher la ba-
lance en faveur de son rival. La prudence et
l'habileté de Petion surent conjurer ce danger.

Tout mulâtre qu'il fût, Petion ne partageait
en rien ce qu'il pouvait y avoir d'injuste dans
les préjugés et les passions de la caste à laquelle il appartenait par sa naissance ; non-
seulement il était sympathique à la race noire,
mais il voyait dans les nègres ceux qui composaient le vrai fond de la nation haïtienne, ceux
qui, formant la grande majorité du pays en
même temps que la portion la moins avanta-
gée de la population, avaient droit à la grande
sollicitude de la part du gouvernement ; ou
plutôt il pensait que celui-ci devait être impartial et n'accorder aucun privilège à la couleur
de la peau. Ce n'était point ainsi malheureusement, je l'ai déjà dit, que raisonnaient un
trop grand nombre de mulâtres ; infatués de

leur mérite ou plutôt de celui qu'ils s'attribuaient, toutes les fonctions, suivant eux, auraient dû leur appartenir, et ils trouvaient que le président Petion ne les favorisait pas assez. Qu'une occasion se présentât, et l'on pouvait être sûr qu'une partie d'entre eux saurait lui montrer son hostilité. Elle leur fut bientôt offerte. Rigaud emmené en France après avoir été fait prisonnier en 1803, réussit à s'échapper en 1810 et débarqua dans la partie la plus méridionale d'Haïti, principal théâtre de ses anciens exploits contre les Français. Il annonçait l'intention de reprendre contre Petion, du reste autrefois son lieutenant, la lutte qu'il avait déjà essayée contre Toussaint Louverture, mais Petion, ayant obtenu de lui une entrevue, réussit à lui faire comprendre qu'une rivalité entre eux irait précisément à l'encontre de ces intérêts de caste que Rigaud avait la prétention de sauvegarder. Rigaud voyant en effet que Christophe s'apprêtait à profiter des divisions entre deux chefs mulâtres, se laissa persuader, et satisfait de gouverner la partie sud d'Haïti que Petion lui abandonnait, il établit sa résidence dans la ville des Cayes, où il mourut peu après.

Comment un peuple où se produisent à

chaque instant des causes si variées de dissentiments, pourrait-il jamais arriver à se constituer d'une manière forte et régulière ? N'est-il
pas temps qu'elles prennent fin ? N'est-ce pas
assez des partis qui peuvent exister normale-
ment par suite des différences d'opinions en
matière politique, sans toutes ces complica-
tions ridicules (comment les qualifier autrement ?) qui tiennent aux jalousies des diverses
parties du territoire les unes à l'égard des
autres ou à ces préjugés de race que la philo-
sophie moderne a depuis longtemps condamnés
et que le bon sens le plus vulgaire suffirait
seul à proscrire?

Le général Borgella, successeur de Rigaud,
comprit l'absurdité de ces dissensions puériles,
et faisant au bien de la patrie le sacrifice de
son ambition personnelle, il se soumit à Petion
en 1812 : il mérite pour ce fait une place esti-
mable dans l'histoire d'Haïti. Cependant Christophe, qui s'était tenu tranquille tant que Rigaud dont il connaissait les talents militaires
avait vécu, parce qu'il craignait de le voir
s'unir contre lui avec Petion, recommença la
guerre contre ce dernier qui se retrouvait de
nouveau seul en face de lui. Des combats in-
terminables furent livrés, sans que jamais un

succès décisif se dessinât pour aucune des deux partis. La lassitude leur fit tomber les armes des mains, sans qu'aucun accord fût conclu, et les deux chefs se cantonnèrent dans la partie qu'ils occupaient. Chose bizarre et qui seule suffirait à peindre l'état déplorable où de pareilles luttes plongent un pays, un espace inoccupé de plus de dix lieues fut laissé entre les deux États, ligne de démarcation dont la fécondité naturelle du sol fit bientôt comme une haie infranchissable de lianes et d'arbres de toutes sortes.

Petion, resté maître du Sud et d'une partie de l'Ouest, et nommé président à vie, gouverna jusqu'à sa mort en 1818. Citoyen éminent par ses vertus civiques autant que par ses talents d'homme d'État, il a laissé dans la mémoire des Haïtiens un souvenir qui leur sera toujours cher. C'est que toujours le peuple sait aimer, malgré des injustices passagères, ceux qui l'aiment de leur côté véritablement, et dont le dévouement à sa cause se révèle par une suite d'actes qui triomphent à la fois des préventions et des attaques auxquelles sont en butte les meilleurs citoyens. Parmi tous ceux qui ont exercé le pouvoir en Haïti depuis Toussaint Louverture, personne n'a jamais fait

preuve d'un plus grand zèle pour le bien de la
patrie ni mieux apprécié son état matériel et
moral, et les mesures à prendre pour le rendre
meilleur, ni montré en un mot une com-
préhension plus éclairée de ses intérêts généraux.

Le cadre restreint où je suis obligé de me
renfermer ne me permet pas un examen dé-
taillé du gouvernement de Petion : là, comme
ailleurs, je ne puis que signaler rapidement
les faits susceptibles de servir à l'instruction
de mon pays et des hommes politiques qui
peuvent influer sur ses destinées. Un des
principaux objets de l'attention et des efforts de Petion fut l'examen des questions qui
se rattachaient à la situation des propriétés en
Haïti. Toutes les terres appartenant aux colons
expulsés revenaient de droit au domaine public et y avaient été naturellement adjointes ;
il résultait de là qu'à la fin des guerres de
l'indépendance, on ne comptait plus guère en
Haïti d'autres propriétaires que ceux d'entre
les mulâtres qui étaient déjà auparavant en
possession d'une certaine partie du territoire
ou quelques-uns des noirs affranchis. Dessalines et Christophe avaient fait, il est vrai, des
concessions de terre importantes à leurs offi-

ciers supérieurs ou à leurs principaux fonctionnaires; mais si quelques-uns s'étaient ainsi
enrichis, on peut dire que la grande masse du
peuple n'avait retiré en somme de la révolution
accomplie d'autre avantage que la conquête
de sa liberté, bien précieux sans doute, et qui,
à lui seul, valait les sacrifices faits pour l'ob-
tenir. La condition de la grande masse des
hommes de race noire, au point de vue matériel, restait à peu près la même : pour vivre
ils n'avaient d'autres ressources que de cultiver, à titre volontaire, pour le compte d'au-
trui, les terres sur lesquelles ils avaient
éprouvé toutes les misères et toutes les injustices du travail forcé. Mais c'étaient toujours
leurs sueurs qui devaient arroser un sol dont
les produits appartenaient à d'autres.

Inspiré par sa profonde sympathie pour
cette race noire jusque-là si malheureuse, Petion le premier eut l'honneur de prendre l'initiative de mesures destinées à adoucir une situation si déplorable. Il fit voter en 1809 une
loi qui permettait de distribuer des terres aux
officiers inférieurs et aux soldats des guerres
de l'Indépendance. Il avait compris que la division de la propriété est le meilleur moyen
d'en augmenter promptement la valeur, car

l'homme cultive avec bien plus d'ardeur un sol dont il est libre possesseur que celui qu'il lui faut travailler en mercenaire. Augmenter le nombre des propriétaires est en outre une garantie pour l'ordre social en même temps que le procédé le plus certain pour accroître le bien-être de la masse : comment, en effet, intéresser à la chose publique ceux qui, ne possédant rien, peuvent à peine compter, pour assurer leur existence, sur un maigre et précaire salaire ?

Petion entrait ainsi dans une voie réellement démocratique où n'avaient qu'à le suivre ceux qui vinrent après lui, et qui valait mieux que ce libéralisme de parade derrière lequel se dissimule mal l'égoïste prétention d'une certaine élite, ou du moins qui se croit telle, d'imposer sa direction au reste du pays. Peu de progrès dans ce sens ont été faits depuis lors, soit par suite de l'indolence ou de l'indifférence des gouvernements qui se sont succédé, soit que les partis aient été plus préoccupés de leurs ambitions personnelles que des intérêts du peuple, du bonheur général.

Petion avait porté ses vues sur un autre point d'une importance considérable : il avait compris que l'instruction est une nécessité primor-

diale pour un peuple qui veut atteindre à toute
la somme de grandeur et de prospérité qu'il lui
est permis d'espérer, parce qu'elle est la condition de tous les autres progrès. D'ailleurs, à
un autre titre, il regardait l'instruction comme
le seul moyen de relever l'homme à ses propres yeux, de lui inspirer un juste respect de
lui-même et des autres, cette légitime fierté,
qui est la source de tous les sentiments nobles,
en un mot, comme il le disait énergiquement,
de le rendre digne de soi-même, de sa qualité
d'homme. Mais là rien n'existait, il fallait créer
de toutes pièces, et le temps lui fit défaut pour
réaliser toutes ses intentions.

Il est inutile d'entrer dans les autres détails
de son administration : J'en ai dit assez pour
le but que j'ai indiqué en commençant, et qui
est toujours de signaler les fautes commises, les
erreurs à éviter et les exemples à suivre. Lorsqu'on inscrivit sur la tombe de Petion qu'il
était mort pleuré de ses concitoyens, on ne fit
que rendre hommage à la vérité : il le fut et
méritait de l'être.

Pendant que Petion s'appliquait à jeter les
fondations d'un gouvernement républicain, à
la fois démocratique et libéral, respectueux de
la liberté mais capable de réprimer les factions

et d'imposer à tous le respect des lois, Christophe se tournait vers la forme monarchique, non pas seulement peut-être, comme l'en ont accusé plusieurs écrivains, par le désir exclusif de satisfaire à la fois son ambition et sa vanité. Il était persuadé que dans l'état d'ignorance et de misère où se trouvait le peuple noir, il fallait donner plus à l'autorité qu'à la liberté, et qu'un pouvoir presque despotique était nécessaire pour sauver le peuple haïtien de sa propre impuissance à se gouverner lui-même. Quels que fussent ses sentiments réels, on ne peut contester qu'il ne sut pas observer la mesure, garder les tempéraments sous lesquels un gouvernement absolu dégénère bientôt en tyrannie. Aussi la monarchie qu'il avait voulu fonder n'eut-elle qu'une existence éphémère. Proclamé roi en 1811 avec une Constitution calquée presque absolument sur celle de l'Empire français, son modèle, il se tuait, en 1820, d'un coup de pistolet au cœur devant le succès d'une révolte militaire, provoquée par les abus de son despotisme, et son fils, peu après, périssait assassiné par suite des tentatives de ses partisans dans le but de l'élever à la royauté. Il n'avait pas été plus heureux que Dessalines dans son imitation mala-

droite d'un absolutisme gouvernemental qu'une
gloire éblouissante et les prodiges d'un génie
extraordinaire avaient pu faire durer quelques
années en France, mais qui devait bientôt s'é-
crouler dans les désastres amenés par une ambition démesurée.

Le général Boyer, qui avait remplacé Petion
dans la présidence de la République fondée
par lui, n'eut pas de peine à rétablir l'unité
de l'État détruite par la scission qui avait
éclaté entre Christophe et Petion. Marchant
rapidement sur le Cap haïtien où le général
Paul Roman avait tenté de se faire proclamer
président, il y entra sans coup férir, termi-
nant ainsi une séparation que rien ne pouvait
justifier, bien mieux, qui était aussi contraire
aux intérêts généraux du pays qu'aux intérêts
particuliers du Nord et du Sud : nouvel exemple de la déplorable influence que peuvent
avoir ces rivalités locales sans fondement sérieux, et de la solidarité nécessaire qui lie les
différentes parties d'un même pays.

Une autre gloire était réservée au général
Boyer : après avoir eu le bonheur de réunir
sous son gouvernement toute l'étendue de
l'ancienne colonie française, il dirigeait en
1822 une expédition sur la partie espagnole

de l'île dont il fit la conquête sans rencontrer de réelles difficultés. Tout le territoire qui s'étend du cap Français au cap Saint-Domingue ne formait plus qu'une seule nation. Les circonstances sans doute avaient favorisé beaucoup le général Boyer dans l'accomplissement de cette double entreprise, qui était dans le vœu des populations et qui s'était opérée en quelque sorte sans obstacle ; il avait eu néanmoins le mérite d'agir à propos, et l'on doit lui en savoir gré. Dans la vie du peuple comme dans celle des individus, c'est une chose importante que de savoir saisir l'occasion quand elle se présente, et qu'importe si les avantages obtenus sont dus à la chance plus qu'à l'habileté et au génie.

Le général Boyer commençait donc sa longue présidence sous les meilleurs auspices, et la nation pouvait espérer que, continuant avec énergie l'œuvre commencée par Petion, il saurait fixer ses destinées d'une manière définitive. Ces espérances ne devaient pas se réaliser complètement. Les intentions du nouveau président, en général, étaient droites et ses vues assez justes, mais il manqua presque toujours de la vigueur et de l'activité indispensables à un chef du gouvernement ; on put justement lui reprocher une certaine indolence dans la conduite habituelle des affaires, et dans certaines circonstances même la faiblesse de son caractère l'empêcha de déployer la fermeté et la décision que réclamaient les intérêts et la dignité du pays.

Après la chute de Napoléon, que les intrigues des anciens colons avaient entraîné dans une résolution si funeste, ces derniers adressèrent leurs plaintes au gouvernement de la Restauration, essayant de le pousser à une intervention dans les affaires d'Haïti, qu'ils lui représentaient comme facile, maintenant que la France, en paix avec toute l'Europe, pouvait employer à son aise les forces suffisantes pour mettre de nouveau la main sur son ancienne colonie. Ce langage était séduisant, mais le roi Charles X eut le bon sens de résister à des sollicitations dangereuses qui ne tendaient, pour satisfaire d'injustes ressentiments, et des intérêts égoïstes, qu'à compromettre la France dans une entreprise ruineuse sans aucun espoir sérieux de réussite. Tout imbu qu'il était des antiques préjugés de race et de droit divin, ce monarque comprit que les fautes des colons avaient seules entraîné leur perte et qu'il était impossible de replacer sous le joug un peuple en possession depuis trente ans de son indépendance et de sa liberté. Sans épouser complètement la querelle des colons, il résolut cependant de réclamer en leur nom des indemnités pour les propriétés qu'ils avaient perdues en Haïti, mettant à ce prix la reconnaissance de l'indépendance de ce pays par la France et la renonciation de celle-ci à ce que son gouvernement affectait de considérer comme ses droits. Toutes les âmes fières en Haïti et justement jalouses de la dignité de leur pays furent douloureusement émues de la faiblesse que montra le général Boyer dans cette circonstance.

Le gouvernement français présenta en 1825 une demande d'indemnités pour les anciens colons, dont le chiffre s'élevait à 159 millions de francs. Le général Boyer aurait pu en contester le principe même, en se plaçant franchement sur un terrain où il eût été inexpugnable : il eût pu rappeler qu'en dehors du droit imprescriptible de tous les peuples de ne relever que d'eux-mêmes et de chasser, quand ils le peuvent, leurs oppresseurs, les Haïtiens, en prenant les armes, n'avaient fait qu'obéir aux décrets de l'Assemblée constituante et de la Convention, et que les rebelles avaient été précisément ces colons qui, non seulement, avaient refusé de se soumettre à ces décrets, mais qui, en déclarant la guerre à leur propre patrie, avaient appelé contre elle le secours des armes étrangères. Si, dans ces circonstances, ils s'étaient trouvés expulsés de l'île et chassés des terres qu'ils possédaient, qui pouvaient-ils en accuser qu'eux-mêmes, et par quelle raison devait-on les indemniser des suites d'un aveuglement coupable? Le général Boyer était d'autant plus autorisé à tenir ce langage, conforme d'ailleurs à la réalité des faits, qu'il était facile de voir que le gouvernement français n'avait aucune intention de faire une guerre dont l'objet était injuste et dont il n'avait rien à espérer.

Le général Boyer, intimidé de se trouver en face du gouvernement français dont il ne sut pas démêler les vues et craignant d'irriter une nation puissante, loin de prendre une pareille attitude, montra une grande faiblesse dans les négociations. Il s'empressa d'accepter le principe des indemnités réclamées et n'en discuta que le chiffre. Refuser tout dédommagement aux anciens colons était sans doute une chose impossible et même n'eût pas été peut-être d'une rigoureuse justice : tous d'ailleurs n'a-

vaient pas encouru la même réprobation, et
l'on pouvait soutenir que le gouvernement
haïtien était tenu à remboursement dans une
certaine mesure pour toutes les terres vacan-
tes dont il avait bénéficié. C'est à ce point de
vue que le général Boyer eût dû se placer ex-
clusivement, en laissant de côté les raisons
invoquées par le gouvernement français.
Celles-ci, une fois admises, il ne restait plus
que de tâcher d'en amoindrir les conséquences. Les prétentions émises par la France
étaient véritablement exorbitantes eu égard
aux ressources d'un pays ruiné par les guerres
mêmes qui avaient assuré son indépendance.
Si le général Boyer n'avait point su saisir le
vrai point de vue auquel il aurait dû se placer,
il employa du moins ses efforts à réduire le
plus qu'il était possible la somme énorme
dont la France demandait le paiement. Après
treize années de négociations, un traité de
commerce fut conclu en 1838 entre la France
et la République d'Haïti, suivi d'une convention qui réduisait à 60 millions le chiffre de
l'indemnité, payable par annuités détermi-
nées. Cette dette devait longtemps peser d'un
poids lourd sur nos finances.

J'ai cru utile de mettre suffisamment en lumière la déplorable faiblesse du général Boyer, à cause non seulement des conséquences financières qui en résultèrent, mais aussi parce qu'elle fut une cause d'affaiblissement pour son propre gouvernement à l'intérieur, et qu'il donna à l'égard des nations étrangères un exemple d'humilité et de soumission qui n'eut que trop d'imitateurs.

Les esprits éclairés avaient pu concevoir quelque mécontentement de la manière dont la question des indemnités avait été réglée, convaincus qu'ils étaient qu'une solution moins onéreuse eût été possible : mais la masse fut surtout frappée de ce fait que l'indépendance était définitivement reconnue et consacrée par la France. Aussi ne fût-ce pas de là que vinrent l'opposition et les obstacles au gouvernement du général Boyer. Sans abandonner complètement la voie démocratique ouverte par Petion, il avait fait, en somme, peu de chose pour les intérêts populaires, et la grande majorité des noirs n'avaient aucune raison de lui être affectionnée ; mais, habitués à une vie malheureuse, ils attendaient, sans trop se plaindre, que l'on pensât à eux. Ceux que le général Boyer vit se tourner contre lui, ce furent ceux-là mêmes qu'il favorisait le plus qu'il lui était

possible. Sous cette influence de graves abus
s'étaient introduits dans les finances; on avait
augmenté hors de toute proportion avec les
besoins du service les cadres de l'armée.

Malgré son indécision et son insouciance
habituelles, Boyer, trouvant de l'énergie pour
défendre son pouvoir attaqué, n'avait pas
hésité plusieurs fois à recourir à des coups
d'état pour briser l'opposition qui s'était manifestée contre lui dans la Chambre. Ce sont là,
certes, des expédients que l'on ne peut jamais
approuver, car si, pour le présent, ils tirent le
gouvernement d'une position critique, c'est
souvent ponr lui préparer de plus graves embarras dans un avenir rapproché ; en donnant
lui-même l'exemple de la violation des lois,
un gouvernement ne tend qu'à diminuer dans
le pays leur autorité et la sienne, et les partis
se croient autorisés à ne recourir qu'à la force
pour amener le succès de leurs revendications.
Après vingt-cinq ans d'une présidence qui, si
elle n'avait pas assuré au pays tout le bien qu'il
était en droit d'en attendre, avait du moins été
une période assez tranquille, une nouvelle ère
de troubles s'ouvrît pour ne pas se refermer de
sitôt.

Les prétextes n'ont jamais manqué aux ambitieux, habiles à masquer leurs visées personnelles sous un prétendu dévouement à la chose publique. Mettant en avant la nécessité de modifier la constitution et de corriger les abus que j'ai signalés plus haut, Hérard-Rivière, soutenu par son cousin, Hérard-Dumesle, se mit à la tête d'une révolte qui éclata au mois de septembre 1842, et que le président Boyer combattit avec peu de rigueur, dégoûté peut-être des ennuis qu'il trouvait au pouvoir : il se retira à la Jamaïque. Le peuple ne tarda pas à voir que les conspirateurs, qui s'étaient levés en son nom, ne pensaient au fond qu'à eux-mêmes et n'entendaient servir que leurs intérêts.

Maîtres à leur tour du pouvoir, les chefs de l'insurrection, loin de détruire ces vices dans l'administration et ces abus invoqués par eux pour justifier leur levée de boucliers, les aggravèrent encore ; c'est ainsi, entre autres, qu'ils doublèrent encore les cadres de l'armée déjà trop surchargés, et contre l'augmentation desquels ils s'étaient élevés eux-mêmes avec indignation. Triste et honteuse comédie à laquelle le peuple, malheureusement, se laisse presque toujours prendre ! Mais quoi ! le parti victorieux ne devait-il pas récompenser ses partisans et s'attacher, en leur prodiguant des faveurs, ceux qui se croyaient investis de la mission de diriger leurs concitoyens?

Si débonnaire qu'il soit, le peuple si grossièrement trompé dans ses espérances de réformes sérieuses, perdit cette fois patience. Un événement déplorable indisposait d'ailleurs tous les esprits : la partie orientale de l'île, dont Hérard-Rivière et ses amis avaient exploité certains mécontentements et surexcité l'opposition pour s'en faire un appui, profitait précisément de sa succession au pouvoir pour se séparer de nouveau de la partie occidentale et se constituait en État indépendant sous le nom de République dominicaine. Ainsi ce mouvement, prétendu réformateur, n'aboutissait qu'à rendre les injustices plus criantes et plus pénible la situation du peuple, et, pour mettre le comble aux malheurs du pays, un de ses résultats était de produire une scission entre deux parties d'un même territoire que la configuration géographique, la communauté d'origine, l'identité d'intérêts devraient cependant unir. La population noire, irritée par ses déceptions et comprenant enfin que les ambitieux qui l'avaient flattée ne cherchaient qu'à se servir d'elle pour mieux arriver à leur but, se souleva de toutes parts sous la conduite de différents chefs : Salomon dans le Sud, Dalzon à Port-au-Prince, Pierrot dans le Nord, Guerrier dans l'Ouest, presque en même temps prirent les armes contre le nouveau gouvernement qui, n'ayant aucune racine sérieuse dans la nation, s'écroula facilement sous cette opposition universelle.

Les noirs et une partie des mulâtres eux-mêmes comprirent qu'il fallait donner une garantie à ceux qui composaient la grande majorité du pays en portant un chef noir à la présidence : d'un assentiment unanime le général Guerrier prit le pouvoir, mais étant mort au bout de peu de temps, le général Pierrot le remplaçait dans la présidence au mois d'avril 1845. Celui ci, hanté par des souvenirs fâcheux et trouvant son autorité trop bornée, rêvait d'établir la royauté à la place de la république, mais abandonné par les noirs aussi bien que par les mulâtres, il fut obligé de quitter le pouvoir sans qu'il fût besoin de recourir à la force. Le général Riché lui succéda le 1er mars 1846 comme président de la République haïtienne et comprima facilement les tentatives de certains compétiteurs qui s'étaient soulevés dans le Sud, essayant de le soustraire à son

autorité ; on revenait à l'espoir de voir renaître
l'ordre et le calme dans le pays.

Mais quelle était la cause qui, après un demi-
siècle d'indépendance, le laissait encore exposé
à des agitations continuelles, en proie à des
souffrances que les ambitieux exploitent tour à
tour à leur aise, incertain de son avenir et de
la voie qu'il devait suivre ? Au lieu de voir le
mal où il était réellement, dans ces rivalités
persistantes dont je me suis attaché à montrer
l'action funeste jusqu'à présent, dans ces préjugés absurdes de classe et de couleur, dans ces
prétentions d'une partie de la nation à dominer
l'autre et à la conduire, on s'imagina que ce
mal tenait sans doute à un vice caché dans les
institutions et qu'il suffirait de modifier celles-
ci pour le faire disparaître et garantir ainsi le
bonheur de la nation. On ne savait pas, ce que
l'histoire de tous les peuples démontre avec
évidence, que les meilleures constitutions ne
valent que par la manière dont elles sont appli-
quées, et que ce qu'il faut corriger avant tout,
ce sont les mauvaises pratiques des hommes au
pouvoir, plus préoccupés d'agir suivant leurs
caprices et leurs inspirations propres que de se
renfermer dans une constitution qu'ils sont
chargés d'appliquer, et l'habitude contractée

chez nous par les partis de ne considérer jamais
qu'eux-mêmes et non les intérêts de l'ensemble
du pays. Le peuple d'Haïti n'était pas à sa première constitution et il devait encore en changer plusieurs fois sans en être plus heureux.
C'est qu'une constitution, pour être durable et
produire des effets utiles, doit être appropriée
aux besoins constatés, au caractère du peuple
pour lequel elle est faite, à son degré d'instruction et de maturité politique, aux conditions
particulières où il se trouve, et qu'en Haïti,
comme j'ai dû le constater déjà, on se borna
presque toujours à copier ce qui se faisait
ailleurs et principalement en France, sans
tenir assez de compte des différences dans le
tempérament des peuples et dans leur organisation sociale.

La constitution qui fut élaborée en 1846 fut
conçue d'après la même méthode : à côté du
président de la République, elle établit deux
Chambres, l'une dite Chambre des députés
nommée par les assemblées primaires, l'autre
appelée Sénat nommée par la première Chambre. Ces dispositions devaient encore être remaniées depuis sans que jamais, jusqu'au moment
actuel, toutes ces constitutions aient été bien
fidèlement observées, et qu'une pratique sin-

cère et loyale ait permis d'en apprécier les avantages ou les défectuosités. Le président Riché, emporté par une mort subite en février 1847, n'eut pas le temps de mettre en œuvre la nouvelle constitution, ni de donner sa mesure et de prouver si les espérances qu'il avait fait concevoir eussent été réalisées ou démenties.

Il s'agissait de lui donner un successeur. Le Sénat, à qui ce choix appartenait d'après la Constitution récente, ne put se mettre d'accord sur un candidat et, après huit scrutins successifs, les voix continuèrent de se partager entre les deux compétiteurs, les généraux Souffran et Paul. Il fallait cependant aboutir. Le sénateur Ardoin mit alors en avant la candidature d'un homme qui, jusque-là, n'avait joué qu'un rôle secondaire et dont le caractère était peu connu, le général Soulouque. En faisant cette proposition, M. Ardouin, un des principaux chefs du parti qui voulait donner la prédominance aux hommes de couleur, se figurait que Soulouque, quoiqu'il fût de race noire, serait entre leurs mains un instrument docile et qu'ainsi ils gouverneraient sous son nom. Cet espoir fut profondément déçu et le sénateur Ardouin, pris à son propre piège, devait, peu de temps après, voir sa vie immolée aux soupçons qu'il avait inspirés à celui que ses intrigues et ses calculs avaient porté au pouvoir. Soulouque, en effet, fut élu par le Sénat président de la République haïtienne le 1er mars 1847.

L'impartialité dont je me suis fait une règle absolue et dont je crois avoir donné jusqu'ici, dans ces considérations sur l'histoire de mon pays, des preuves certaines, m'oblige ici à quelques réflexions. En parlant de Dessalines et de Christophe dont l'un avait porté le titre d'empereur et l'autre celui de roi, j'ai fait assez voir que je condamnais les excès auxquels les avait entraînés la puissance absolue remise entre leurs mains et montré que mon sentiment était loin d'être favorable à une autorité qui n'a d'autre loi que son caprice, et qui, en dehors d'elle, ne trouve aucun frein sérieux capable de l'arrêter à l'occasion sur une pente mauvaise. Mais, tout en faisant ces réserves nécessaires, j'ai dû faire observer que ni Dessalines ni Christophe n'avaient peut être obéi à leur seule ambition personnelle en adoptant le système d'absolutisme auquel ils s'étaient abandonnés ; aucune raison valable ne permettant de mettre en doute leur patriotisme, leur conduite me semblait inspirée, pour une certaine part au moins, par une idée juste en elle-même, et leur plus grand tort était de n'avoir pas su en déterminer nettement l'application et les limites. Ils avaient très bien vu qu'un pouvoir fort serait longtemps encore nécessaire à un peuple jeune, dont l'éducation politique était et devait être à peu près nulle, et qui, comme tous les autres, ne pouvait l'acquérir qu'après une longue suite d'années et d'épreuves. Pour une nation comme pour un homme, la capacité de se gouverner soi-même est le fruit de l'expérience et du temps. L'erreur de ces deux hommes consistait, suivant moi, à avoir exagéré les conditions de ce gouvernement ferme que réclamait l'intérêt du peuple haïtien : pour donner à un pareil gouvernement la puissance et tous les moyens de remplir sa mission, il n'était pas nécessaire d'aller jusqu'au despotisme, qui ne peut produire que des effets funestes.

Cette erreur, malheureusement, devait se renouveler plus d'une fois encore : il semble qu'en toutes choses les hommes soient destinés à passer tour à tour d'une extrémité à l'autre avant de saisir le point juste où se trouve la vérité, et la vie politique des peuples n'échappe pas à cette fatalité qui semble générale. Pour rester en Haïti, notre histoire jusqu'à ce jour

n'offre presque qu'une succession alternative
de gouvernements faibles jusqu'à l'impuissance
ou de gouvernements qui croient prouver leur
force en imitant les formes des pouvoirs
absolus et, ce qui vaut encore moins, leurs
excès et leurs abus. Despotisme ou licence et
anarchie, sommes-nous condamnés à ces deux
termes? Espérons que nous saurons enfin
rejeter ces deux choses également mauvaises
et mortelles pour un peuple. Si cette étude,
que je n'ai précisément entreprise que dans ce
but, peut y contribuer, je ne regretterai ni
mon temps ni mes peines.

Il est certain que le gouvernement de
Soulouque doit être rangé dans la catégorie
des pouvoirs forts qui n'ont pas su se modérer
eux-mêmes et qui ont parfois dépassé les
limites au-delà desquelles on trouve le despotisme. Loin de moi cependant la pensée de
m'associer à toutes les attaques violentes et
haineuses que certains partis ont dirigées
contre lui. Il n'y a jamais eu nulle part un
gouvernement qui ne méritât que des éloges,
et peut-être aussi n'en est-il aucun qui ne
mérite absolument que des blâmes. Pour
Soulouque comme pour tout autre, si l'on veut
être équitable, il faut savoir se dégager des

passions de parti qui faussent et dénaturent
l'aspect de toutes choses et, pour juger ses actes,
se placer au vrai point de vue, qui est d'examiner ce qui, dans sa conduite politique, fut
conforme ou contraire au bien du pays, aux
intérêts du peuple. Dans cet examen même,
deux éléments essentiels doivent entrer en
ligne de compte : il faut tâcher de pénétrer
quelle est la pensée maîtresse à laquelle obéit
un chef d'Etat, qui inspire ses résolutions et
détermine les mesures louables ou blâmables
qu'il a pu ordonner, et considérer ensuite les
moyens d'exécution qui ont leur caractère
propre et sont parfois mauvais et condam-
nables, quoiqu ils s'appliquent à des objets
dignes en eux-mêmes d'approbation. C'est
ainsi que l'histoire a proclamé le but grand et
noble de la politique d'un Louis XI, par
exemple, tout en flétrissant ses procédés, qui
furent souvent détestables.

Le gouvernement de Soulouque a donné
lieu à des appréciations si évidemment
empreintes d'une haine passionnée, que, pour
rester dans la vérité et la justice à son égard,
il faut beaucoup de courage et de sang-froid et
ne jamais perdre de vue les principes que je
viens d'exposer. Si l'on se place sur ce terrain

solide, on verra que Soulouque eut recours parfois à des mesures violentes qui certainement dépassaient ses droits et dont l'exécution, comme il arrive constamment en pareil cas, donne lieu à des excès, qui ne sont pas toujours dans la pensée de ceux qui donnent les ordres quoiqu'ils soient justement responsables de tout ce qui a pu être commis en exécution de leurs volontés et des desseins de leur politique. Mais cela dit, et flétrissant ce qui doit être flétri, tout ce qui est contraire à l'humanité, tout ce qu'un esprit soupçonneux et le désir de se venger de ceux qui avaient cru pouvoir l'exploiter lui ont inspiré souvent d'actes marqués au coin d'une cruelle dureté, il faut reconnaître que Soulouque avait réellement le désir d'améliorer la condition du peuple.

Ne voulant, comme je l'ai dit assez de fois, que dégager le sens et la portée des événements, je n'ai pas besoin d'entrer dans le détail du gouvernement de Soulouque. Après avoir été nommé président de la République, il crut, comme autrefois Dessalines, qu'un titre plus pompeux augmenterait son prestige et sa force, et, deux ans plus tard, en 1849, le Sénat le proclamait empereur sous le nom de

Faustin I : plus heureux que son prédécesseur, il devait exercer pendant dix ans l'autorité la plus absolue. Président ou empereur, du reste, sa politique fut toujours la même : il ne recula ni devant la distance ni devant l'arbitraire pour assurer la réussite des projets qu'il croyait utiles au bien-être de la masse et à la grandeur du pays. J'ai dit plus haut en termes assez explicites ce qui, chez lui, doit être énergiquement blâmé et ce qui, dans ses vues et ses intentions, mérite au contraire l'approbation du patriote impartial : je puis me dispenser d'y revenir. Un point à noter cependant à son honneur, ce fut la douleur que lui avait causée la séparation de la République dominicaine et les efforts qu'il fit pour y mettre un terme, mais toutes les expéditions qu'il entreprit furent infructueuses, soit qu'elles fussent mal conçues et mal dirigées, soit qu'il trouvât des obstacles dans l'hostilité sourde qui régnait contre son gouvernement et dans les agitations que son absence ne manquait pas de provoquer et qui l'obligeaient de revenir avant que la campagne fût terminée.

Les ressentiments qui couvaient contre lui dans bien des âmes et qui s'étaient déjà manifestés par des explosions partielles, éclatèrent

enfin dans une révolte ouverte et plus importante à la tête de laquelle se mit le général
Geffrard : Soulouque fut obligé de s'enfuir et
quitta l'île. La République fut rétablie et
Geffrard nommé président le 15 janvier 1859.
Au gouvernement autoritaire dans lequel les
assemblées n'avaient été qu'un décor et de
simples chambres d'enregistrement des volontés du souverain, succédait, par suite de ce
jeu de bascule que j'ai dû remarquer déjà, un
régime qui laisse, au moins en principe, une
action prépondérable aux assemblées sorties
de l'élection. Mais ce gouvernement parlementaire que l'on avait eu l'intention d'établir et
dont la constitution de 1846 avait élargi les
bases, ne fut jamais mis sincèrement en pratique, tantôt parce que le chef du pouvoir
essayait de s'affranchir autant qu'il le pouvait
du contrôle des Chambres, tantôt parce que
celles-ci, ne se contentant pas du rôle de con-
fection des lois qui leur était attribué, cherchaient à empiéter sur les fonctions réservées
au pouvoir exécutif. De telle sorte que l'on a
pu trop souvent chez nous assister à ce spectacle de Chambres ou montrant une docilité
presque servile à l'égard du pouvoir exécutif
ou le gênant par des empiétements audacieux,

suivant que l'homme qui était à la tête du gouvernement se faisait remarquer lui-même par
sa fermeté ou sa faiblesse.

Le général Geffrard fut au nombre de ceux
que le contrôle des Chambres gênait peu et qui
savaient au besoin imposer leur volonté. On
lui reprocha même, non sans quelque fondement, d'exagérer tellement son action au pouvoir qu'il se substituait souvent à ses propres
ministres dont il amoindrissait ainsi l'influence
et semblait proclamer l'incapacité. Une personnalité aussi envahissante n'était guère à sa place
dans une organisation gouvernementale qui
ne peut fonctionner que si chacun se renferme soigneusement dans son rôle : les
ressorts du régime parlementaire sont si délicats que peu de chose en arrête le fonctionnement. Aussi eut-on plutôt l'apparence de ce
régime que la réalité : avec des formes un peu
plus douces et plus modérées, le président
Geffrard ne fut peut-être pas moins absolu que
l'empereur Soulouque. On peut lui reprocher
même certaines façons d'agir allant jusqu'à la
licence.

Plus j'avance dans la route où je me suis
engagé, plus j'en aperçois les aspérités et les
obstacles, et il ne faut pas moins, pour me

soutenir jusqu'au bout, que la persuasion où je suis de ne point faire une œuvre inutile et que la patrie profitera de tous ces enseignements que recèle notre histoire et que j'ai soin de relever au fur et à mesure que je les rencontre. Voyant clairement les causes diverses et souvent contraires qui, à chaque période de notre existence nationale, ont empêché qu'il s'établît quelque chose de durable, on sera sans doute à l'avenir plus à même de les éviter.

L'écrivain de parti, qui n'a d'autre objet en vue que de louer quand même et à tout propos les hommes et les choses de son bord, et de dénigrer en revanche tous ceux qu'il regarde comme des adversaires, a une besogne beaucoup plus facile, n'ayant d'autre guide que son intérêt et sa passion, il couvre les uns de fleurs et les élève aux nues tout simplement parce qu'ils sont avec lui; il encense en eux avec les hyperboles les plus outrées des qualités et des vertus qui souvent sont absentes et ferme obstinément les yeux devant les actes les plus répréhensibles; mais aux autres, qui ont le malheur d'être dans un camp différent, il prodigue l'insulte sous toutes les formes et il ne se fait pas faute au besoin de nier effrontément leurs services les plus éclatants

et les moins contestables. Tout autre est le procédé de celui qui ne cherche que la vérité et la
justice et qui n'écrit que pour le bien de son
pays : ses louanges ou ses blâmes pourront
s'adresser tour à tour au même personnage,
suivant que, dans son opinion, il a mérité successivement les uns ou les autres, et c'est ce
qu'on n'a vu faire à chaque pas dans cette
revue des hommes et des faits de notre histoire.

J'ai indiqué les défauts que le général Geffrard montra dans l'exercice du pouvoir, parce
que l'action du gouvernement s'en trouvait
faussée, parce qu'il donnait un exemple qui,
devant être suivi, n'était pas sans conséquences fâcheuses, parce qu'il est inutile
d'avoir une constitution si elle n'est pas exactement observée, et qu'il vaut mieux organiser
franchement un gouvernement autoritaire que
de le laisser établir sous une apparence libérale.

Les critiques qu'il n'est pas permis d'épar-
gner au général Geffrard ne doivent pas cependant faire oublier les éloges qui lui sont
dus justement pour d'autres points de sa conduite au pouvoir. On ne peut passer sous
silence ses efforts pour développer l'instruc-

tion si négligée jusqu'alors. Petion, comme je l'ai déjà dit, avait porté aussi ses vues et son attention de ce côté, mais les circonstances n'étaient pas favorables et le temps lui avait manqué. Boyer, dans sa longue présidence, eût pu s'occuper de cet objet si important, mais il avait assez de se laisser vivre au jour le jour, et l'on peut dire que presque rien n'avait été fait pour tirer le peuple de son état de profonde ignorance. Geffrard le premier, d'une manière sérieuse et constante, et ce sera son principal titre d'honneur dans l'histoire, comprit la nécessité d'établir un système régulier d'instruction pouvant pénétrer par les écoles primaires jusque dans les couches profondes de la population et s'élever de degré en degré jusqu'aux écoles supérieures destinées partout à l'élite seulement de la jeunesse intelligente.

L'examen des mesures prises à cet effet constitue un chapitre spécial de l'histoire d'Haïti et m'entraînerait trop loin ; mais de même que j'ai dû noter avec tristesse bien des fautes commises, je devais signaler, et cette fois avec un sentiment de joie, une excellente initiative dont il faut s'attacher non seulement à maintenir mais à augmenter de plus en plus les résultats. En 1861 déjà, 235 établissements d'instruction à tous les degrés comptaient environ quinze mille élèves ; le nombre atteint aujourd'hui dix-neuf mille ; des lycées ont été fondés dans les principales villes ; des écoles supérieures de droit, de médecine, de musique, de dessin et peinture, d'arts et métiers existent à Port-au-Prince. C'est là certes un progrès sérieux dont il convient de se féliciter hautement. Mais il ne suffit pas d'avoir des écoles et des élèves, il faut que l'enseignement que l'on y donne soit en rapport avec les sacrifices qu'il coûte au pays : peut-être à ce point de vue, les choses laissent-elles à désirer, l'organisation a-t-elle des côtés défectueux, et certaines réformes seraient-elles indispensables. Je me propose d'exposer un peu plus loin quelques vues à ce sujet.

Si les mesures que prit le président Geffrard en faveur de l'instruction rencontrèrent un assentiment unamine, d'autres actes de son gouvernement furent plus discutés et sont aujourd'hui encore l'objet de controverses sérieuses. Je veux parler du concordat conclu avec le pape pour la réorganisation de l'église catholique en Haïti et par lequel aussi étaient déterminés les rapports qui devaient exister entre l'État et le clergé de cette religion. En consentant à ce traité, le général Geffrard obéissait à des préoccupations de diverses natures que je crois utile d'indiquer et de discuter d'une manière brève, parce qu'elles touchent à des questions importantes pour la situation intérieure du pays, et suivant la façon dont elles seront résolues, peuvent influer beaucoup sur son avenir.

Les Espagnols et les Français, tous deux peuples catholiques, avaient l'un après l'autre naturellement transmis à leurs esclaves la religion qu'ils professaient, et le culte catholique était devenu le culte officiel dans l'île au même titre que dans la métropole. Cependant il est permis de dire que les doctrines qui composent cette religion n'avaient pénétré que peu profondément dans la masse des hommes de race noire et que tout se bornait à l'apparat des cérémonies et des fêtes du culte auxquelles les noirs assistaient sans trop s'occuper d'en comprendre le sens intime. Les prêtres en général de cette religion, ne demandant au peuple que les actes extérieurs de dévotion, se déclaraient satisfaits pourvu qu'il montrât envers leur autorité spirituelle la déférence voulue. Bien peu d'entre eux s'occupaient avec conscience d'instruire les ouailles confiées à leur direction et de leur faire connaître ces vérités qu'ils proclamaient cependant nécessaires pour le bonheur dans ce monde et dans l'autre. Jamais aucun effort véritablement sérieux ne fut tenté par eux pour détruire chez les noirs ces superstitions naïves et grossières qu'ils avaient apportées d'Afrique après les avoir reçues de leurs ancêtres.

Dans les pays même les plus avancés en civilisation et depuis longtemps à la tête du progrès, on a pu observer combien les préjugés sont tenaces, combien les superstitions les plus antiques et les plus opposées aux lumières modernes laissent de traces qui ne disparaissent qu'avec lenteur, surtout dans les campagnes, et quelquefois ne font que se transformer et prendre en quelque sorte un autre vêtement. Il n'est donc pas étonnant qu'une certaine partie de ces noirs à l'intelligence desquels on ne daignait pas s'adresser, dont personne ne s'occupait de cultiver la raison, aient conservé à peu près ces pratiques superstitieuses.

S'ensuit-il cependant que le culte du Vaudou soit aussi général et aussi profondément enraciné que l'ont prétendu des observateurs superficiels et parfois malveillants comme sir Spencer Saint-John qui, dans son livre sur Haïti intitulé « la République noire » calomnie avec tant d'âpreté un peuple dont il avait été accueilli avec une bienveillance marquée ? Est-ce en un jour que l'on peut déraciner des habitudes vieilles de plusieurs siècles chez une nation neuve, incomplètement instruite. Comment les idées chrétiennes auraient-elles pu remplacer partout chez les noirs leurs antiques croyances, ridicules et grotesques sans doute, mais dont l'équivalent s'est trouvé chez toutes les nations primitives, quand certains prêtres catholiques eux-mêmes ont pris si peu de soin de leur expliquer et de leur enseigner une morale plus élevée?

Le général Geffrard crut que pour rendre plus rapide la disparition de ce qui reste encore en Haïti de toutes ces habitudes et de toutes ces idées dérivant des anciennes croyances fétichistes, il était nécessaire d'infuser un sang nouveau au clergé catholique qui s'était trouvé au-dessous de sa mission. Tel fut un des principaux motifs qui l'amenèrent à négocier ce concordat qui permet de confier les fonctions ecclésiastiques à des prêtres étrangers dont on suppose que le zèle apostolique se laissera moins endormir que celui des prêtres indigènes.

On ne trouvera pas, je l'espère, que je me sois étendu trop longuement sur des matières qui ont tenu une si grande place dans la vie politique de tous les peuples, qui chez plusieurs ont donné lieu à des révolutions et à des guerres et qui constituent partout un des problèmes les plus compliqués et les plus diffi- ciles à résoudre. Au moins que l'expérience des autres nous instruise, évitons des fautes que souvent ils ont payées si cher.

Les lecteurs qui m'ont suivi jusqu'ici dans cette course rapide à travers nos annales ont pu se convaincre que tous les gouvernements qui se sont succédé chez nous, si l'on peut compter à leur actif quelques bonnes choses, avaient tous cependant un défaut capital qui ne leur a pas permis de fixer les destinées de la nation : c'est qu'aucun d'eux n'a su se dé- gager assez complètement des intérêts parti- culiers à telle ou telle partie du pays ou des ambitions personnelles pour se placer sur le large terroir de l'intérêt général. Quelques- uns ont fait plus ou moins des efforts en ce sens, mais la suite dans les idées et l'énergie persévérante leur faisant défaut, ils se sont bientôt détournés de leur chemin et ni les uns ni les autres n'ont entièrement rempli le but pour lequel sont institués les gouvernements. Doit-il en être toujours ainsi? Pourquoi le penser? Nous ne sommes pas plus incapables que d'autres d'ouvrir les yeux à la lumière quand elle nous est montrée.

Or, je crois pouvoir dire sans crainte d'être démenti, que nous serions des aveugles volontaires si, dans ce tableau du passé tel que j'ai essayé de le représenter, nous n'avions pas découvert les causes de nos erreurs et de nos fautes, pourquoi nous sommes encore dans une situation précaire et malheureuse, tandis qu'elle pourrait être florissante, et ce qu'il faudrait faire enfin pour qu'elle le devienne. Planant au-dessus des partis dans cette vue philosophique que j'ai jetée sur l'histoire de mon pays depuis l'origine, j'ai signalé et le bien et le mal partout où je les ai rencontrés, sans aucun parti pris envers personne, et j'ai montré dans le passé, à mesure que les événements les ont révélées, toutes les sources de nos souffrances actuelles.

La démonstration est complète à ce moment de l'histoire d'Haïti auquel nous sommes par-

venus : le récit des événements depuis la fin de
la présidence du général Geffrard ne peut
rien y ajouter. Toujours on voit les partis
tourner dans le même cercle, les mêmes préjugés et les mêmes passions persistantes produire des agitations continuelles et des luttes
armées qui couvrent le pays de ruines et de
sang, l'esprit de coterie prédominer sur l'intérêt général, le gouvernement, quel qu'il soit,
à peine installé, obligé de se défendre contre
des adversaires qui, conviant sans doute à la
nation quelques jours de repos, se hâtent de
chercher les moyens de le renverser avant
même qu'il ait eu le temps de s'affermir et de
pouvoir entreprendre quelque chose d'utile
pour panser les plaies toujours saignantes du
pays et surtout du vrai peuple, celui qui arrose
la terre de ses sueurs et sur qui retombe tout
le poids de ces divisions insensées, toujours
oublié dans sa misère sans que personne s'occupe de la soulager, abandonné à lui-même, à
son ignorance, à des habitudes déplorables qui
remontent à une époque où, s'il était esclave,
il n'était guère plus malheureux. Mais qu'importe à cette tourbe qui vit grassement des
haines qu'elle attise, qui n'a d'autre occupation que de déverser l'outrage sur tous les

hommes qui passent au pouvoir, qu'on a vu prodiguer l'insulte et la diffamation à tous les gouvernements ! Que jamais la patrie ne soit tranquille et ne puisse se relever pourvu qu'elle continue de pêcher en eau trouble !

Maintenant que toutes les causes de' nos divisions ont été suffisamment exposées telles que le passé nous les a fait voir, un résumé succinct et sans commentaires des principaux faits jusqu'à nos jours suffira pour compléter l'esquisse commencée et pour achever d'en faire ressortir l'enseignement.

Le général Salnave succéda au général Geffrard en 1867 comme Président de la République. Ils accusèrent Salnave d'aspirer à la dictature, de vouloir même rétablir la royauté. Le nouveau président s'était déclaré favorable à la masse et manifestait l'intention de prendre des mesures pour améliorer le sort de cette population. Quoi qu'il en soit, exploitant habilement les vieilles rivalités du Nord contre le Sud, ils excitèrent contre Salnave une insurrection formidable que celui-ci ne put combattre qu'en s'appuyant sur les populations du Sud qui se déclarèrent en sa faveur. Le territoire de la République fut encore une fois en proie à toutes les horreurs

de la guerre civile ; les bandes du Nord, sous
le nom de Cacos et celles du Sud sous celui de
Piquets, rivalisèrent de massacres et d'incen-
dies. Après deux années d'une lutte sanglante,
marquée par bien des péripéties qui montrè-
rent les deux partis tour à tour victorieux et
vaincus, Port-au-Prince étant tombé aux mains
des rebelles du Nord, Salnave réduit à s'enfuir
avait été condamné à mort. Arrêté au moment
où il cherchait à se réfugier sur le territoire
de la République dominicaine, en violation du
droit des gens, il mourut fusillé en décembre 1869.

Après un gouvernement provisoire qui dura
quelques mois, le Sénat nomma le général
Nissage-Saget président pour une période de
quatre années. Epuisés par les fureurs de la
lutte précédente, les partis, plus par lassitude
que par amour du bien public, se tinrent quelque temps en repos, et le pays put goûter un
peu de tranquillité. Mais lorsque les pouvoirs
du président Saget tirant à leur fin, il fallut
s'occuper du choix de son successeur. Boyer-
Bazelais, le chef du parti libéral, se mit au
nombre des candidats ; le président Saget, qui
voulait favoriser le général Domingue, fut
accusé d'avoir violé la constitution pour ex-

clure de la Chambre Boyer-Bazelais et ses partisans : le général Domingue fut élu. Les troubles et les révoltes recommencèrent bientôt.

Deux emprunts successifs contractés par
Domingue en France fournirent des prétextes
aux agitateurs. Le premier, contracté par
l'intermédiaire de la Société générale du Crédit
industriel, s'élevait à 41.650 obligations de
500 francs. Le succès de son émission qui avait
surpris tout le monde, engagea Domingue
à en contracter un second plus important
s'élevant à 166.906 obligations, qui fut placé
à des conditions plus avantageuses et avec
le même succès que le premier par le Crédit
général français. L'opération était utile en
soi et bien conçue, à condition que les produits de cet emprunt fussent bien réellement consacrés aux objets en vue desquels
il avait été conclu. D'après la loi présentée aux Chambres et qui en autorisait l'émission, il devait être employé : 1° à solder
un reliquat de dix millions qui restait encore
à payer sur le montant des indemnités con-
senties par Haïti envers la France en vertu du
traité de 1838 ; 2° à convertir ou à racheter le
premier emprunt dont les conditions avaient
été plus onéreuses ; 3° à liquider la dette flot-

tante qui s'élevait à six millions ; 4° à exécuter divers travaux publics et notamment deux lignes de chemins de fer.

Pour assurer le succès de toutes ces opérations, assez délicates à mener à bien, il eût été nécessaire que le gouvernement fût assuré d'une assez longue période d'ordre et de paix, et c'est précisément ce qui lui fut refusé. L'emprunt lui-même fournit l'occasion d'attaquer avec violence les hommes au pouvoir qui furent accusés d'en avoir profité de compte à demi avec les intermédiaires. Plusieurs révoltes éclatèrent et furent d'abord étouffées, mais celle que dirigea le général Tanis fut plus heureuse. Les troupes du général Lorquet envoyé par le président Domingue pour combattre les rebelles, abandonnèrent leur chef et passèrent à l'insurrection. Le général Lorquet et le ministre Rameau, neveu du président, furent tués peu après dans une émeute à Port-au-Prince, et le général Domingue était réduit à s'embarquer sur un bâtiment étranger.

Ainsi le gouvernement était encore une fois renversé par la force : celui qui lui succéderait avait-il des chances de compter sur une existence tranquille ? Que révélaient tous ces mouvements violents qui faisaient explosion pour les motifs les plus divers ? Quel programme net et déterminé, compréhensible pour la grande masse de la nation, avaient ils pour but de faire prévaloir ?

Il fallait bien pourvoir à la vacance du gouvernement dont le général Domingue venait d'être expulsé. Le choix se porta sur le général Boisrond-Canal qui fut élu en 1876 et dont les pouvoirs aux termes de la constitution devaient durer quatre ans. Mais il ne lui était pas réservé non plus d'aller jusqu'à l'expiration de ce terme. Si l'on avait accusé Geffrard de vouloir tout faire par lui-même et de réduire ses ministres à l'état de simples commis, on adressa le reproche contraire à Boisrond-Canal. On prétendit qu'il n'avait pas les qualités d'un homme d'État, qu'il laissait aux ministres tout le souci des affaires et que, grâce à son incurie, la sécurité même des transactions n'existait plus.

Qu'y avait-il de fondé dans ces récriminations ? N'étant ici qu'historien, je n'ai point à prendre parti : je me borne à rapporter dans leur exactitude les faits qui prouvent que l'esprit de faction n'était jamais à bout d'arguments, fondés ou non.

On ne tarda pas à passer de la critique à

l'action. Divers mouvements insurrectionnels furent d'abord réprimés, ainsi que le soulèvement tenté par le général Montmorency Benjamin. Une amnistie proclamée par Boisrond-Canal n'apaisa pas les passions. Une scène terrible éclata dans la Chambre le 30 juin 1879 entre les libéraux et les nationaux qui se jetèrent les uns sur les autres : une quarantaine de personnes furent plus ou moins grièvement blessées, quelques-unes mortellement. Ce fut le signal d'un combat furieux qui s'engagea dans les rues et qui dura trois jours, du 1ᵉʳ au 3 juillet. Boyer-Bazelais, assiégé dans sa maison, réussit à s'enfuir sur le navire anglais le *Boxer*, mais le Ministre de la guerre, le brave général François, qui brillait par l'élévation de ses sentiments, avait été tué avec un certain nombre de soldats et trois cents maisons étaient la proie des flammes. L'insurrection de plusieurs villes du Nord, telles que Saint-Marc et les Gonaïves, et la mollesse hésitante de ses troupes, décidèrent à l'abdication le président Boisrond-Canal qui s'embarqua le 17 juillet pour Saint-Thomas.

Les libéraux s'emparaient le lendemain, 18 juillet, du Cap haïtien où ils installaient un gouvernement provisoire. Trois candidats principaux aspirèrent à la présidence : Boyer-Bazelais, Montmorency Benjamin et Salomon.

Ce dernier, sans attendre le résultat des élections ordonnées par le gouvernement provisoire, le renversa le 3 octobre pour lui en substituer un autre plus à sa dévotion. Les élections faites sous son influence lui furent favorables, malgré l'opposition des libéraux, et le général Salomon etait, au mois d'octobre, nommé Président de la République. Ainsi l'impatience des partis avait obligé Boisrond-Canal, qu'une année à peine séparait du terme de sa présidence, à l'abandonner à son tour avant l'heure, et les libéraux n'en recueillaient pas le fruit, que leur avait enlevé celui qu'ils considéraient comme leur plus grand adversaire, le général Salomon.

Le nouveau président était un homme dont on ne pouvait nier sans injustice les grandes capacités administratives, la profonde expérience politique éprouvée par sa longue participation aux événements intérieurs de la République, l'instruction sérieuse jointe à une activité, à une énergie peu communes, à un courage dont le sang-froid ne se démentait

jamais. Il avait donc entre les mains bien des
éléments de réussite, mais il se trouvait, dès
son début, en face d'une opposition acharnée
qui devait le combattre sans cesse, et, par
esprit de représailles plus encore que par la
nécessité de se défendre, il allait se laisser
entraîner à son tour à exagérer son autorité et
se livrer parfois à certains actes de nature à
provoquer quelque irritation et, par suite, à
désaffectionner de son gouvernement.

Après une tranquillité relative de près de
deux années, une insurrection éclatait en mai
1882 dans le Nord ; elle fut promptement comprimée par le général Salomon, mais la puni-
tion fut rigoureuse. Vingt-huit personnes
furent fusillées sans que les formes prescrites
par les lois eussent été observées dans leur
jugement et malgré l'article de la constitution
qui abolissait la peine de mort en matière
politique. Sans éprouver aucune sympathie
pour l'insurrection, l'opinion publique fut
douloureusement émue d'une illégalité qui
paraissait déterminée par la vengeance. Les
libéraux, dès l'année suivante, croyant les
circonstances plus favorables, firent une nouvelle tentative pour essayer de renverser le
gouvernement.

L'article 6 de la Constitution de 1879, qui n'avait fait du reste que reproduire, en les adoucissant un peu, les dispositions analogues des constitutions précédentes, interdisait aux étrangers d'acquérir des propriétés immobilières sur le territoire d'Haïti. Cette mesure avait été inspirée par le souvenir de l'ancienne domination des blancs et par la crainte de les voir peu à peu se rendre maîtres de nouveau dans l'île, si on les laissait y reprendre pied à titre de propriétaires. Un peuple jaloux de conserver une indépendance qu'il n'a conquise qu'avec peine, s'effarouche aisément à la moindre apparence de ce qui semble pouvoir y porter atteinte et se trouve enclin, naturellement, à multiplier les précautions. Aussi la grande majorité de la nation, surtout parmi les noirs, avait approuvé cet article et en demandait le maintien. Le général Salomon, cependant, quoique son point d'appui fût plutôt parmi les noirs et ses adversaires parmi les hommes de couleur, convoqua les Chambres en session extraordinaire au commencement de l'année 1883 pour leur proposer l'abrogation de cet article 6 qui, jusque-là, avait tenu tant au cœur des Haïtiens. C'était l'occasion qu'attendaient les libéraux.

7

Retiré à la Jamaïque avec un certain nombre de ses partisans, Boyer-Bazelais préparait depuis longtemps une nouvelle insurrection.

Les événements qui ont suivi sont trop récents pour n'être pas présents à la mémoire de tous ; je n'ai donc pas besoin de les raconter longuement. Boyer-Bazelais, débarquant à Miragoane avec 120 de ses partisans, s'emparait de cette ville le 27 mars 1883. Dès le 31, les troupes du général Salomon l'attaquèrent mais sans succès et ne furent pas plus heureuses dans leurs tentatives postérieures. Devant la résistance obstinée des défenseurs de Miragoane, l'armée du gouvernement dut se résigner à un siège long et difficile. Quelques villes alors, entre autres celles de Jacmel et de Jérémie, se soulevèrent à leur tour, et les libéraux, encouragés par ces succès partiels, essayèrent de se rendre maîtres de Port-au-Prince. Une émeute terrible éclata dans cette ville le 22 septembre : jetons un voile sur les événements de cette journée néfaste pendant laquelle une lutte, qui n'avait d'abord qu'un caractère politique, dégénéra bientôt en une scène affreuse de carnage et de pillage où des gens sans aveu, que l'on ne peut ranger dans aucun parti, se jetèrent indistinctement sur tous ceux qu'ils rencontraient, promenant partout le meurtre et l'incendie. Sous prétexte de sauvegarder les intérêts de leurs nationaux, les consuls étrangers, à l'exception toutefois du consul de France, menaçaient de faire bombarder la ville par les navires de guerre qui se trouvaient dans la rade. Le président Salomon n'hésita pas à monter à cheval et, parcourant la ville au milieu des balles qui sifflaient à ses oreilles, il parvint à dominer l'orage et à ramener l'ordre et le calme dans la capitale.

L'insurrection libérale n'ayant pas réussi à prendre pied dans Port-au-Prince, ne pouvait longtemps soutenir la lutte sur les autres points ; les villes de Jacmel et de Jérémie capitulèrent successivement les 18 et 28 décembre, et ce qui restait des défenseurs de Miragoane furent obligés eux-mêmes de se rendre le 8 janvier 1884.

Le général Salomon sortait donc triomphant d'une lutte acharnée provoquée par un parti dont le chef, du reste, Boyer-Bazelais, était mort pendant le siège de Miragoane. Il pouvait se montrer indulgent sans danger ; la modération et la clémence ne pouvaient, au contraire, que produire des résultats avanta-

geux pour son gouvernement et lui rallier bien
des esprits. L'impétuosité de ses ressentiments
ni lui permit pas de le comprendre : une ré-
pression rigoureuse fut exercée et l'on passa
par les armes un grand nombre de ceux qui
avaient pris part à ce soulèvement.

Si la victoire du général Salomon avait laissé
dans bien des âmes des germes de colère, elle
avait cependant affermi momentanément son
pouvoir quoique, pour les esprits clairvoyants,
il l'eût compromis par la manière excessive
dont il en avait usé ; l'avenir restait sombre et
gros de nouveaux orages. Cependant l'Assemblée nationale, par son vote du 30 juin 1886, le
réélut à l'unanimité président de la République pour une période de sept ans à partir du
15 mai 1887.

En parlant plus haut de la journée du 22 septembre 1883, j'ai dû mentionner la tentative
d'intervention de quelques puissances étrangères, qui ne fut déjouée que par l'adresse du
général Salomon. Ce n'était pas la première
fois que des faits d'une nature semblable
s'étaient produits : à diverses reprises on a vu
des gouvernements étrangers saisir les moindres prétextes pour essayer d'entrer dans nos
affaires intérieures ou élever des réclamations

pécuniaires qui avaient moins pour but de procurer à certains de leurs nationaux lésés ou prétendus tels, la réparation des dommages subis, que de fournir une occasion cherchée de peser sur le gouvernement haïtien et même, si on le pouvait, de mettre la main sur le pays. C'est ainsi qu'en 1873, sous la présidence de Nissage-Saget, le capitaine allemand Batch s'emparait la nuit par surprise, dans les eaux de Port-au-Prince, de deux garde-côtes, sous le fallacieux prétexte d'assurer à un négociant de son pays le paiement d'une somme de 75,000 francs. Le gouvernement haïtien comprit que, sous cette mauvaise querelle d'Allemand, se cachait un piège qu'il fallait éviter, et il préféra plutôt payer que de fournir à l'Allemagne un motif de guerre qu'elle cherchait évidemment.

Une affaire du même genre fut soulevée par les Anglais en 1882 et fut terminée moins promptement. Le gouvernement d'Haïti avait fait la concession de la petite île de la Tortue, voisine de la côte nord, au mari d'une dame Maunder qui se disait anglaise. Cette dame n'ayant point observé les conditions du contrat intervenu entre elle et le gouvernement haïtien, celui-ci voulut user du droit qui lui

appartenait sans conteste de reprendre la
concession qu'il avait accordée et de rentrer
en possession de l'île. Mme Maunder, alors,
prétendit à des indemnités dont la demande
fut présentée par le gouvernement anglais qui
fondait son intervention sur la nationalité de
cette dame ; mais le gouvernement haïtien
repoussa cette demande en invoquant deux
raisons irréfutables : il prouva d'abord que les
prétentions de cette dame n'étaient pas fondées, les conditions du contrat n'ayant pas été
exécutées par elle, ensuite qu'elle n'avait
aucun titre à invoquer la protection du gouvernement britannique, puisque la qualité
d'anglaise mise en avant par elle était fausse,
étant tout simplement, comme il fut facile de
le prouver, haïtienne par sa naissance aussi
bien que par son mariage. Le gouvernement
anglais se rendit à l'évidence et n'insista pas.
Tout prêtait à croire que cette affaire était
terminée, lorsqu'au mois de mars 1887. M. Clé-
ment Hill fut envoyé par son gouvernement
pour la faire renaître ; il adressa au gouvernement haïtien une demande de paiement de la
somme de cinq millions et, pour appuyer cette
demande, il organisait une démonstration
navale et menaçait de se saisir de l'île de la

Tortue, objet du litige. Il y avait là un de ces abus de la force, compliqués d'injustice, dont les Anglais ont trop souvent donné l'exemple. L'émotion fut vive à Port-au-Prince et le gouvernement dans un grand embarras. La médiation de la France, heureusement, amena le gouvernement anglais à renoncer à l'emploi de la force et à consentir à une transaction qui réduisait le chiffre des indemnités réclamées.

J'ai jugé bon d'exposer cet incident avec quelques détails parce qu'il caractérise la position de notre pays vis-à-vis de quelques-unes des puissances étrangères, les intentions plus ou moins bien cachées de celles-ci et les procédés dont elles savent user au besoin pour tâcher de les réaliser. Ce n'est pas là un des moindres dangers auxquels nous expose notre état d'anarchie intérieure qui, en inspirant aux autres des doutes sur notre avenir, excite naturellement leur ambition et leurs convoitises.

Cependant le bonheur qui avait favorisé jusque-là le général Salomon allait à son tour l'abandonner : la lassitude était générale, et il était visible que la première explosion amènerait cette fois sa chute. Mais le 15 mai, une certaine agitation se produisit à Port-au-

Prince, à la suite de laquelle le général Salomon envoya en exil les généraux Légitime et
Manigat. Le général Osman Piquant suivit le
premier quelques jours après.

Une nouvelle insurrection éclata au Cap
haïtien le 4 juillet 1888, et le général Séide
Télémaque, s'étant rendu maître de cette ville
avec le concours des troupes du Nord et le
général Boisrond-Canal s'étant prononcé le
10 juillet et ayant occupé Port-au-Prince, le
général Salomon fut réduit à s'enfuir et se
retira en France. Un gouvernement provisoire
fut installé, ayant à sa tête le général Boisrond-
Canal : des élections furent décrétées à l'effet
de nommer une assemblée chargée de rédiger
une nouvelle constitution. Mais le général
Séide Télémaque aurait voulu être le chef du
gouvernement dont il faisait partie, et, sans
attendre les résultats de l'élection présiden-
tielle, il résolut de s'emparer par force du
pouvoir ; il échoua et fut tué le 28 septembre.

Les vieilles rivalités du Nord contre l'Ouest
et le Sud se firent sentir encore dans cette circonstance : sous prétexte de venger le général
Télémaque, plusieurs villes du Nord, telles
que Port-de-Paix, le Cap haïtien, les Gonaïves, prirent les armes en même temps que le

général Légitime, au mois d'octobre 1888, était proclamé à Port-au-Prince président de la République haïtienne : le pays, une fois de plus, était en proie à la guerre civile.

Ayant été moi-même mêlé aux événements récents, j'arrête ici cet examen sommaire de l'histoire d'Haïti depuis l'origine. Comme on l'a vu, je me suis moins occupé de raconter dans leurs détails des faits dont les histoires régulières contiennent le récit à la place indiquée par l'ordre des temps, que d'en saisir le caractère et la signification, et de signaler ceux dont nous pouvions tirer le plus d'instruction. Je n'ai point prétendu faire une œuvre d'historien, mais seulement chercher dans le passé, en philosophe et en homme d'état, des indications sûres pour nous diriger à l'avenir et pouvoir éviter les écueils contre lesquels nous nous sommes heurtés si souvent, avec crainte d'y sombrer.

Au fur et à mesure que les diverses péripéties de notre vie nationale en ont révélé l'action, j'ai eu soin de signaler les causes, toujours subsistantes, qui tour à tour et quelquefois ensemble, ont produit aux différentes époques des résultats plus ou moins funestes qu'il faut extirper si nous voulons enfin sortir de l'ornière où nous avons croupi jusqu'à présent. Il ne peut qu'être utile de les résumer dans un tableau rapide qui permettra de les mieux saisir en les mettant les unes à côté des autres.

Un fait frappe tout d'abord dans l'histoire de notre pays : c'est que jamais peut-être aucun peuple, dans un espace de temps aussi court, à peine un siècle, n'a offert une aussi grande instabilité dans ses institutions, que nous avons changées, remaniées ou modifiées tant de fois sans qu'on en puisse indiquer bien clairement les raisons et que la nécessité en parût établie : en comptant la dernière constitution, celle de décembre 1888, nous sommes au moins à la neuvième. Comment un homme qui change à chaque instant de ligne de conduite, qui ne sait s'arrêter à aucune méthode, à aucun système, qui va constamment de l'un à l'autre, bien mieux, qui s'empresse de laisser celui qu'il a pu à peine essayer, pourrait-il réussir dans la vie et se faire la place que, sans cela, il occuperait peut-être! Cette versalité ne serait-elle pas pour lui la source de nombreux déboires et de bien des misères ? Pourquoi veut-on que les peuples soient soumis à des conditions différentes ? Pour une nation comme pour un individu la persévérance est une qualité sans laquelle on n'arrive à rien, et il vaut mieux certainement adopter un système même défectueux que de n'en avoir aucun et de chercher constamment le meilleur.

Le bon sens seul, pourtant, à défaut de l'histoire, ne suffirait-il pas à prouver que, sans la fixité des institutions, un peuple est incapable de développer ses destinées et ne peut que flotter au hasard, tiraillé en tous sens par les tendances contraires des partis, qui, triomphant tour à tour, le font à chaque instant changer de direction ? Aucun pays sans doute n'a pu échapper à ces révolutions qui non seulement changent les institutions, mais parfois toute l'organisation sociale, mais, quelle qu'en ait été la violence et la durée, elles n'ont jamais été que des crises passagères après lesquelles la société se rasseoit dans un nouvel ordre de choses, qui lui sert d'abri pour un temps plus ou moins long. Rien n'est immuable dans le monde, et les institutions d'un peuple ne peuvent seules, cela est certain, rester immobiles ; elles doivent suivre le mouvement même des idées, des mœurs, des changements qui se produisent sans cesse dans les conditions morales et matérielles des di-

verses couches de la population et dans les
relations des citoyens entre eux ; mais s'il est
nécessaire de les modifier, il est évident qu'on
ne le doit pas faire sans cause sérieuse, pour
le seul plaisir de changer, mais seulement
pour donner satisfaction à des besoins constatés et les mettre en harmonie avec la situation nouvelle où la nation peut se trouver sous
plusieurs rapports.

Rien de pareil ne peut être observé chez
nous : les auteurs de nos diverses constitutions
se sont fort peu préoccupés, avant de les rédiger, de considérer la situation particulière du
peuple haïtien, son état d'avancement politique et moral et ses besoins réels, mais tous,
suivant leurs vues personnelles, les yeux
tournés vers l'idéal qui lui était cher, n'ont
guère fait que copier ce qui avait été fait, en
certaines circonstances, chez des peuples qui
avaient déjà un long passé, une vieille expérience politique. Aussi l'on peut dire qu'en
Haïti, jusqu'à ce jour, toutes nos constitutions
n'ont été qu'un décor de parade que l'on s'em-
pressait de changer quand il avait cessé de
plaire, sans trop savoir pourquoi.

Voilà sans doute le premier mal dont nous
pouvons constater l'existence en arrêtant nos

regards sur notre passé si court et si agité.
Les formes du pouvoir et les droits respectifs
des chefs de l'État et des corps constitués
ayant changé sans cesse, il était impossible
qu'un ordre de choses régulier et durable
parvînt à s'établir, le contraire eût été un mi-
racle, et la faute en était à ce que la constitution fut toujours importée presque de toutes
pièces, au lieu d'être faite seulement pour
nous, d'être appropriée à notre tempérament
politique spécial, à notre degré de culture intellectuelle, à notre état matériel et moral.
C'est là le point le plus important, celui qui
prime tous les autres, et il convient d'y insister. Demandons-nous donc une bonne fois
non quel est le système en vigueur chez des
peuples qui sont de beaucoup nos aînés en
civilisation, qui nous surpassent en lumières,
il faut savoir le reconnaître avec franchise, où
les conditions du travail, de la production, où
les relations sociales mêmes sont toutes différentes des nôtres, mais ce qui nous convient à
nous, avec notre ignorance relative et notre
société encore imparfaitement organisée, dont
les parties si mal unies sont souvent dans un
tel désaccord.

Mais quelles que soient les institutions que

nous jugions à propos de nous donner, qu'elles ne soient pas seulement une apparence dont au fond personne ne tient compte, et c'est là une deuxième cause du mal qui éclate à chaque pas dans notre histoire. Quelle est, parmi toutes nos constitutions, celle qui ait été réellement pratiquée, qui n'ait pas été faussée dans son esprit, quand la lettre elle-même n'en était par ouvertement violée? On ne trouverait peut-être pas un seul des nombreux gouvernements qui se sont succédé, qui ait observé loyalement la constitution dont il avait la garde, qui ne se soit rendu coupable d'infractions plus ou moins graves au pacte social: est-il étonnant que les partis et les simples citoyens mêmes se soient habitués à n'y faire en quelque sorte aucune attention.

Si dans un pays la constitution n'est qu'une enseigne trompeuse, si le pouvoir chargé de la faire respecter semble n'y attacher aucune importance et ne l'appliquer que suivant son intérêt et sa fantaisie, si tous, autorisés par cet exemple, se croient en droit de ne s'y soumettre qu'autant qu'elle ne contrarie pas leurs vues particulières, il faut renoncer à voir jamais dans un tel pays régner l'ordre et la paix.

Voilà la vérité douloureuse qui ressort aussi

de cet examen rapide de notre passé auquel
je me suis livré pour mon instruction et celle
de mes concitoyens. Il me semble que nous
n'ayons jamais pensé que les lois étaient faites
pour être obéies, qu'elles étaient là pour autre
chose que pour la montre, et que, devant être
considérées, tant qu'elles existent, comme la
règle commune, comme l'expression de la volonté générale, tous les intérêts personnels
doivent s'incliner devant elles. Ce principe, si
évident que sans lui aucune société ne peut
subsister, a cependant toujours été méconnu
chez nous, ou, pour être plus exact, si tous
sont obligés de l'admettre en théorie, personne
ne s'occupe de le mettre en pratique. Quel est
le parti qui ne se croit fondé à prendre les
armes si le gouvernement ne satisfait pas à
toutes ses revendications, ne consent pas à se
faire l'humble exécuteur de toutes ses volontés? Il me semble que jusqu'ici tous les
partis n'aient eu d'autre règle que de s'assurer
le triomphe à tout prix, sans s'occuper de
savoir s'il y a des lois qui déterminent les
droits et les devoirs de chacun et si la nation
était avec eux.

Que l'on y fasse attention et l'on verra que
telle est bien une des principales causes de ces

discussions continuelles si souvent terminées
par des guerres sanglantes. Tant que chacun
ne se dira pas que, s'il a le droit d'avoir ses
idées particulières, ses vues propres sur les
affaires du pays, cela ne lui confère point celui
de les imposer et que personne n'est autorisé
à agir que conformément aux lois, jamais la
tranquillité ne sera garantie au pays qui res-
tera sans cesse exposé à tous les troubles où
voudront le plonger des partis qui n'ont d'autre principe de conduite que leurs caprices et
leur impatience. Apprendre à respecter la
Constitution, les lois régulièrement établies,
et *surtout l'autorité*, tel est le progrès essentiel
qui reste à accomplir chez nous, sans lequel
nous verrons s'éterniser cet esprit de faction,
qui a produit tant de maux dans le passé et
qui, à la fin, pourrait amener la ruine complète de la patrie.

Mais cet égoïsme des partis qui ne veulent
voir qu'eux-mêmes et leurs intérêts spéciaux,
cette ignorance ou plutôt cet oubli des obligations sociales les plus élémentaires, ne sont
pas les seules causes qui, depuis la conquête de
l'indépendance, ont nourri cet éternel esprit
de faction : il en est d'autres que j'ai signalées
à leur place, quand leur action s'est fait sentir,

et qui, pour notre malheur, n'ont pas encore disparu, comme on eût pu l'espérer, sous les progrès de la raison publique. Issues de l'ignorance et d'une vanité puérile et ridicule, elles se sont transmises de génération en génération, soigneusement entretenues par des ambitieux qui y trouvent un point d'appui facile pour exciter les passions et se faire des partisans, et par les méprisables écrivains à leur gage qui, loin de chercher à éclairer le peuple et à élever ses idées, dépensent leur talent à l'entretenir dans les plus tristes préjugés.

Qui pourrait nier l'influence qu'ont exercée bien des fois dans nos luttes ces rivalités, ces jalousies des diverses parties du territoire les unes contre les autres? Cet antagonisme du Nord contre le Sud n'a-t-il pas été souvent presque l'unique cause d'où sont sorties certaines insurrections? N'en avons-nous pas vu tout récemment encore un exemple? Il suffit que le chef du gouvernement appartienne à une partie du pays, pour que l'autre trouve, dans ce seul fait, des motifs de soulèvement? Par quelle raison la suprématie doit-elle appartenir à une portion du territoire au détriment des autres? Un gouvernement est institué pour veiller aux intérêts généraux du pays tout

entier, et qu'importe que les citoyens qui le
composent soient nés dans telle partie plutôt
que dans telle autre, s'ils ont les qualités nécessaires pour gouverner et si, comme ils le
doivent, ils gouvernent pour la nation consi-
dérée dans son ensemble? Que de pareils motifs, qui révoltent le plus simple bon sens,
aient pu cependant amener chez nous des
guerres intestines, n'y a-t-il pas là, pour les
Haïtiens, quelque chose de honteux dont ils
devraient avoir à cœur d'effacer au plus vite
les dernières traces?

Ne pourrait-on pas dire la même chose de
ces préjugés de couleur dont l'origine remonte
à l'époque antérieure à la guerre de l'Indépendance, dont il m'a bien fallu, avec douleur,
constater l'action pernicieuse à toutes les périodes de notre histoire, et dont certains politiques et certains publicistes, avec peu de
sincérité peut-être et parce qu'ils y ont intérêt,
essaient vainement de nier l'existence ac-
tuelle? Si ces préjugés ont disparu, comment
se fait-il qu'aujourd'hui encore, des journaux
en Haïti les invoquent pour réveiller les haines
de classes? Pourquoi prend-on tant de soin de
vanter la supériorité des uns et de l'opposer à
la prétendue inaptitude des autres? Ceux-là

mêmes qui affirment le plus haut que ce préjugé n'existe plus, que la question de couleur
est devenue une chose indifférente, ne sont-ils
pas ceux que l'on voit les plus ardents à réclamer pour une partie de la nation, un certain
droit de direction que justifieraient, suivant
eux, des aptitudes plus grandes? N'est-ce pas
jouer une comédie que de proclamer la disparition d'un préjugé dont on invoque les distinctions et dont on réclame les privilèges?
N'est-ce point l'effet d'une tactique habile pour
donner le change à la masse sur les prétentions
d'une certaine classe?

Si pénible que soit un aveu, il faut avoir le
courage de le faire et, malgré l'humiliation qui
en peut résulter pour l'amour propre national,
il faut le dire parce que c'est la vérité : non,
malheureusement, les préjugés et les haines de
couleur et de classes ne se sont point encore
effacées chez nous; s'ils se manifestent avec
moins d'âpreté, si même ils se dissimulent
parfois sous certains voiles, ils sont encore vivants dans un trop grand nombre de cœurs,
et ce n'est pas trop du concours de tous les
bons citoyens pour en combattre les déplorables effets.

Maintenant que les maladies qui nous rongent sont bien connues, examinons comment on pourrait les guérir en constituant un gouvernement durable, en détruisant les abus, en développant les admirables ressources que la nature nous a prodiguées.

Quand un édifice menace ruine, parce que les bases en sont ébranlées, à quoi servirait-il de refaire certaines parties de l'architecture ou de l'ornementation : ce sont les fondements mêmes qu'il faut reprendre en entier pour les raffermir et leur donner la force nécessaire pour supporter tout le poids de la construction. Dans la vie sociale et politique des peuples, jamais l'œuvre qu'il s'agit d'accomplir n'est entièrement achevée : il y a toujours des réformes à faire, des améliorations à introduire, des progrès à réaliser, parce que la perfection est un idéal dont on peut s'approcher de plus en plus sans l'atteindre jamais et qu'il n'est pas possible d'assigner une limite à la progression constante de l'humanité. D'ailleurs, les idées, les mœurs, les conditions d'un peuple étant soumises à des modifications incessantes, parfois lentes, d'autres fois plus rapides, bien des choses qui pouvaient lui convenir à cette époque et qui, à ce moment, étaient excellentes, deviennent mauvaises parce qu'elles ne sont plus en rapport avec une situation toute différente, et doivent, par conséquent, être changées.

L'attention des législateurs, des hommes politiques, des gouvernements, doit donc être toujours en éveil pour suivre d'un œil vigilant tous ces changements continuels qui se manifestent, souvent d'une manière presque insensible, dans la constitution intérieure de la nation à la tête de laquelle ils sont placés, afin que les institutions et les lois soient toujours en harmonie avec son état actuel. Dès qu'il n'en est pas ainsi, ce défaut de concordance entre les besoins d'un peuple et son organisation sociale, produit bientôt un malaise et des souffrances, qui sont une cause forcée d'agitation et d'affaiblissement. Si de prompts remèdes ne sont pas apportés aux maux qui se révèlent ainsi dans le corps social, il faut, ou que celui-ci succombe sous l'action malfaisante des germes morbides qu'il porte dans son sein, ou qu'il s'en débarrasse par un effort violent. En d'autres termes, un peuple aura réussi à corriger les vices qui se sont introduits dans ses institutions et dans les rapports sociaux, ou leur influence délétère amènera tôt ou tard sa ruine, à moins peut-être, qu'il ne trouve son salut dans une de ces crises terribles qu'on appelle des révolutions.

Tel est bien le dilemme qui, dans l'état présent des choses, se dresse devant le peuple haïtien. Croire que nous pourrions encore persister longtemps dans les errements du passé, sans nous préparer des malheurs peut-être irréparables, serait la pire des folies dont nous pourrions nous repentir quand il serait peut-être trop tard. Que tous ceux qui aiment vraiment leur patrie, qui sont décidés à sacrifier à son bonheur leurs prétentions et leurs rancunes, descendent donc dans leur conscience, qu'ils s'interrogent et qu'ils voient si nous n'avons pas tous plus ou moins, des reproches à nous faire, des habitudes mauvaises dont il faut savoir faire le sacrifice au bien général.

C'est à ces bons citoyens, que l'esprit de parti n'égare pas, qu'un faux amour-propre ou un blâmable égoïsme n'empêche pas de reconnaître la vérité et d'en suivre les inspirations, que je m'adresse pour rechercher avec eux quelles sont les pratiques détestables dont nous devons nous débarrasser et ce qu'il faut faire enfin pour assurer à notre pays la prospérité dont il pourrait jouir. Il ne s'agit point

ici d'examiner quelles sont toutes les petites
réformes de détail, portant sur tel ou tel point
particulier de l'activité sociale, qu'il serait bon
et possible d'effectuer : cela demanderait un dé-
veloppement considérable, une étude spéciale
à laquelle je me livrerai peut-être dans un
autre ouvrage. Ce qu'il faut préciser en ce
moment et bien mettre en lumière, ce sont les
points fondamentaux d'où dépend tout le reste,
au sujet desquels il nous faut avoir le courage
d'opérer des réformes radicales et profondes,
parce que, sans elles, tous nos autres progrès
par ailleurs ne seraient que des palliatifs im-
puissants.

Dans cet ordre d'idées, et pour atteindre le
but patriotique que tous nous devons avoir en
vue, je crois que notre attention doit se porter
avant tout sur deux objets qui, dans notre
situation présente, me paraissent primer tous
les autres, et dont l'heureuse solution rendrait
facile celle de tous les problèmes qu'en dehors
d'eux nous avons encore à résoudre. Ces deux
questions primordiales auxquelles, suivant
moi, tout se rattache, et qui, suivant le sens
dans lequel elles seront résolues, doivent déterminer tout le reste, ou, pour mieux dire,
consacrer le bonheur ou le malheur du pays,

peuvent se résumer en deux courtes formules : Quels sont les partis qui existent en Haïti ? Quelle est leur raison d'être ? Correspondent-ils à des aspirations réelles, à des besoins déterminés de la population haïtienne ? Les idées qu'ils ont la prétention de représenter constituent-elles un programme net et précis que l'on puisse aisément saisir et qui justifie leur existence ? Ne sont-elles point plutôt un voile derrière lequel se dissimulent mal des ambitions personnelles, des intérêts égoïstes ou des rancunes surannées ? L'heure n'est-elle pas venue de mettre fin à des divisions qui n'ont aucun prétexte sérieux ?

D'un autre côté, a-t-on compris, jusqu'à présent, chez nous, quelles sont les conditions nécessaires d'existence pour un gouverne-ment, quelle que soit du reste sa forme et le pays où il doit fonctionner ? N'est-il pas pour tous certaines règles à observer, soit par les simples citoyens, soit par les hommes mêmes auxquels le pouvoir est confié, et sans lesquelles il ne rend pas les services qu'on en doit attendre, il reste forcément au-dessous de sa mission ? N'est-ce pas de la violation de ces principes essentiels, indépendants des temps, des lieux, des diverses formes que le pouvoir peut revêtir suivant les circonstances, que sont venus en grande partie nos maux et notre impuissance à nous organiser solidement? Et de là, ne dérive-t-il pas que la question capitale n'est pas tant de savoir quelle sorte de gouvernement nous devons établir, quelle est la meilleure de toutes les constitutions, que d'apprendre, ce que jusqu'ici nous avons paru ignorer, les règles élémentaires, toutes de simple bon sens, sans lesquelles aucun gouvernement ne peut remplir sa fonction, et, par suite, tout le corps social, manquant d'une direction ferme et sûre, marche en quelque sorte à la dérive, comme un vaisseau que ne dirige plus le gouvernail?

En résumé, comme je le disais tout à l'heure, toutes les réformes que nous avons à réaliser, ont leur point de départ obligé, leur base indispensable en deux choses qu'il faut établir avant tout, parce que sans elle rien ne peut réussir : oublier les anciennes divisions des partis, qui ne répondent à rien de bien déterminé, du moins dans notre état actuel, ou, si l'on aime mieux, les rapprocher dans une fusion cimentée par un amour commun du bien public et l'intelligence des intérêts supérieurs de la patrie ; puis nous rendre un compte exact de ce qui constitue les éléments mêmes d'un gouvernement capable de durer et d'agir, ce qui revient à déterminer ses droits essentiels aussi bien que ses devoirs et les moyens qu'il faut lui donner pour qu'il puisse assurer son action.

Si nous pouvons procurer à notre patrie ces deux bienfaits, combien tous les autres progrès ne seront-ils pas faciles, à quel degré de prospérité n'aurions-nous pas l'espoir de la voir bientôt arriver? Animé et soutenu par cette conviction, je veux exposer avec ma franchise habituelle, les pensées qui se pressent depuis longtemps dans mon esprit à ce sujet. Quel que puisse être le résultat que j'obtienne, j'aurai, dans tous les cas, fait une œuvre utile et je serai satisfait : en effet, ou je suis dans la vérité, comme j'en suis persuadé, et ne suffira-t-il pas de la montrer à tous ceux de mes concitoyens qui ne veulent pas rester dans un aveuglement volontaire? Si je me trompe, au contraire, eh bien, qu'on me démontre mon erreur : ce débat même aura des résultats utiles, puisqu'il en ressortira forcément dans quel sens il faut diriger les destinées du pays.

Il est des vérités qui sont tellement évidentes pour certains esprits, qu'ils ne peuvent

s'empêcher de s'étonner que les autres n'en
soient pas également convaincus et que, pour
les établir, il soit nécessaire de recourir à des
démonstrations plus ou moins longues. Tel est
le sentiment que j'éprouve malgré moi en présence de ces deux objets qui me paraissent si
clairement renfermer tout le salut du pays :
nécessité de terminer nos divisions et de nous
unir dans une pensée commune ; nécessité non
moins grande de connaître et de mettre en
pratique les conditions indispensables à tout
gouvernement. Mais, puisqu'il est malheureusement certain qu'un grand nombre de concitoyens les ignorent, ou, ce qui revient au
même, agissent comme s'ils les ignoraient,
examinons-les l'une après l'autre, aussi brière-
ment que possible.

On l'a déjà dit bien des fois, la politique est
une science, et de toutes la plus difficile, parce
qu'elle est celle dont les éléments sont les plus
compliqués, les plus divers et les plus chan-
geants. C'est là, surtout, qu'il ne faut pas se
contenter de formules simples, mais envisager
les questions sous toutes les faces et bien peser
les termes de tous les problèmes dont la solution s'impose, si l'on ne veut s'exposer à des
erreurs funestes.

La moindre équivoque pourrait être fâcheuse et, comme l'a dit un grand écrivain dont le bon sens merveilleux savait trouver le point précis de tous les sujets qu'il abordait et les éclairer de la plus vive lumière, Voltaire, la chose importante est de définir les termes, d'en déterminer le sens exact. Qu'ai-je voulu dire en affirmant que, chez nous, les partis, tels qu'ils existent, devaient disparaître, qu'il était possible et urgent de les rapprocher, d'opérer entre eux une fusion sans laquelle le bien du pays ne sera jamais assuré, tout, au contraire, ne sera jamais que trouble et confusion? Suis-je donc un esprit chimérique qui rêve une impossible unité d'opinions, qui ne s'est jamais vue nulle part? Ce serait interpréter faussement ma pensée, en exagérer singulièrement le sens. Je l'ai déjà dit, les divergences de vues sont inévitables et sont même souvent utiles, car n'est-ce pas de la lutte politique des opinions que peut jaillir très souvent la vérité, qui ne se trouve tout entière d'aucun côté, mais dont chacune détient une parcelle?

Mais quelques différences d'opinion sur tels ou tels objets ne suffisent pas, certainement pas, pour former des partis politiques distincts ayant le droit de chercher à conquérir la nation à leurs idées et de devenir maître du gouvernement pour en faire l'application. Pas plus qu'on ne peut réaliser l'unité des opinions sur tous les points, on ne peut espérer réunir dans un seul parti tous les citoyens d'un même pays : que ce soit un mal ou un bien, il est naturel qu'il y ait des partis différents et qu'ils se combattent avec plus ou moins de vivacité. Mais c'est là qu'il nous faut recourir à cette maxime si profonde dans sa concision, exprimée par l'illustre Voltaire : « Définissons les termes », a-t-il dit. Si nous suivons son conseil, nous n'aurons pas à nous demander quelle est la signification précise de ce mot, s'il n'y a pas un abîme entre ce qu'il désigne et ce qu'on appelle des factions, et s'il existe chez nous des partis au sens véritable du mot, ou si, plutôt, ce n'est point un titre usurpé qui ne cache que le vide des idées, la puérilité des conceptions politiques, ou, ce qui est pire, des ambitions et des intérêts qui s'affublent d'un nom pompeux ? Si je réussis à prouver qu'il en est ainsi, qu'il n'y a point de parti réel en Haïti, que ceux qui se dénoncent eux-mêmes de cette manière ne méritent pas ce nom, j'aurai justifié ma thèse, c'est-à-dire qu'ils doivent s'effacer, abdiquer des prétentions qui n'ont rien de

grand ni de sérieux devant l'intérêt supérieur
de la patrie qu'ils épuisent.

Le terrain où je m'aventure est bordé de
ronces et semé de fondrières : je ne puis avan-
cer qu'avec précautions. Si je ne veux voir ma
pensée dénaturée et donner prétexte à bien
des colères prêtes à se déchaîner contre moi,
il me faut ne rien négliger pour l'expliquer et
la rendre tellement claire que, si l'on m'atta-
que, on ne puisse le faire au moins en m'attribuant des intentions qui ne sont pas les
miennes. En disant que les partis qui existent
chez nous et qui se combattent avec tant
d'âpreté ne sont point des partis réels, je n'entends pas incriminer la bonne foi de ceux qui
se sont rangés sous leurs drapeaux respectifs.
Je m'honore de compter dans chacun d'eux
des amis que j'estime et que je respecte, et
moi-même, lorsque j'ai commencé de prendre
part à la vie publique, il m'a bien fallu réclamer une place dans un des camps en présence.
Simples citoyens ou hommes politiques, nous
ne pouvons échapper aux démarcations établies, à moins de nous renfermer dans une
indifférence et une immobilité qui seraient
coupables, car tout citoyen a le devoir d'agir;
nous devons marcher, de gré ou de force, der-

rière l'une ou l'autre des bannières qui flottent au vent. Tant qu'elles subsistent et ne sont pas remplacées par d'autres, nous ne pouvons faire acte de citoyens qu'en nous partageant entre elles, suivant nos tendances.

Mais si les corps de troupe prêts à se livrer bataille s'aperçoivent qu'ils ne sont séparés que par des malentendus, ou qu'ils ne font que suivre, sans trop s'en rendre compte, l'impulsion secrète des préjugés qu'ils rougiraient d'avouer tout haut, ou qu'ils se sont laissé entraîner et duper par des gens habiles à exploiter tous les sentiments et tous les intérêts et à colorer de faux semblants de bien public des conceptions et des projets qui ne dérivent que des plus tristes ambitions personnelles, s'ils comprenaient tout cela, on les verrait, certes, oublier leurs divisions et se jeter dans les bras les uns des autres.

C'est là l'image exacte des partis ou prétendus tels que l'on voit chez nous si acharnés à se combattre. Nationaux, libéraux bazelaisistes ou canalistes, qui vous sépare, en réalité ? Qui pourrait indiquer d'une façon nette et explicite ce que vous représentez, ce que la patrie aurait à gagner au triomphe définitif de ceux-ci plutôt que de ceux-là, dans quel

sens facilement appréciable pour vous tous
l'on devrait orienter ses destinées? Tous les
peuples ont leurs partis, sans aucun doute, et
leurs luttes ne sont pas non plus toujours pa-
cifiques, mais chacun est à même d'apprécier
quels sont les principes qui les divisent, de
quelle manière ils entendent diriger la nation,
ce qu'elle peut craindre ou espérer d'eux, et
quand elle se remet volontairement entre leurs
mains ou que peut-être par la violence ils ont
réussi à la dominer, elle sait parfaitement où
elle va et ce qu'on veut faire d'elle. C'est qu'on
trouve là, en effet, ou des conceptions opposées sur la forme même à donner au gouvernement, ou des systèmes d'organisation sociale
reposant sur des principes contraires ou des
tendances inconciliables sur la marche à imprimer aux affaires publiques et surtout ce
qui constitue la vie sociale. Que ce soient les
uns ou les autres qui l'emportent, une impulsion bonne ou mauvaise, mais précise et bien
déterminée, est donnée au pays.

En est-il ainsi chez nous ? Personne n'oserait
l'affirmer, personne ne serait capable d'exposer
avec clarté ce que veulent toutes ces factions
furieuses qui ne permettent à aucun gouvernement de vivre, soit qu'elles lui fassent une

opposition acharnée et de parti pris quand il ne les satisfait pas, soit que, pesant sur lui, elles le détournent de s'occuper des intérêts généraux pour ne penser qu'à ceux d'une coterie. Voilà pourquoi j'ai pu dire avec juste raison, et je maintiens que nous n'avons point de partis réels représentant des idées nettes qu'il soit possible de discuter, mais seulement des semblants de partis qui n'expriment, au fond, que des passions et des préjugés.

S'il en est ainsi, et quel est l'homme sincère qui pourrait le contester, qui ne voit que c'est là le vrai mal, le mal profond dont souffre le pays, que c'est la question vitale qu'il est urgent de résoudre pour assurer son relèvement et le mettre enfin dans la véritable voie qu'il doit suivre ? N'est-il pas temps que tous les bons citoyens se dégagent des liens qui les ont enserrés jusqu'à présent, abandonnant des classements et des dénonciations qui ne s'appuient ni sur des principes réels ni sur des plans sérieux en vue de l'avenir et de la satisfaction des besoins constatés du pays, se groupent enfin pour former un parti véritable celui-là, le parti du patriotisme, le parti de tous ceux qui, quelle que soit la catégorie à laquelle ils aient appartenu jusqu'à ce jour, veulent travailler de concert et avec conscience à l'œuvre du bien général ? Ne voyons-nous pas que la patrie est blessée, languissante, appauvrie, épuisée par toutes les convulsions que nos misérables querelles intestines lui font subir périodiquement, et ce spectacle ne sera-t-il pas capable de secouer notre égoïste incurie, de réveiller le sentiment du devoir et de nous amener à de viriles résolutions ?

Voilà, oui voilà, je ne me lasserai pas de le répéter, jusqu'à ce que ma voix soit entendue, la pierre fondamentale, l'assise large et ferme que désormais il faut donner comme base à l'édifice social qui menace de crouler, et quand nous en aurons ainsi consolidé les fondements, nous pourrons à notre aise en fermer les nom·breuses crevasses, en réparer ou en embellir toutes les parties. Je m'adresse avec confiance à tous ces hommes éminents qui se sont enrôlés sous les drapeaux de nos divers partis, à tous ces chefs autour desquels ils se sont groupés et dont la légitime ambition ne saurait étouffer le patriotisme, n'est-il pas nécessaire d'oublier toutes ces vieilles divisions, legs d'un passé malheureux, comme l'examen de notre histoire m'a permis de le prouver avec évidence ? Il s'agit de savoir si la patrie peut

espérer vivre ou si elle est condamnée à périr;
son salut ou sa perte dépend de cette union
que, pour ma part, je n'ai cessé de réclamer:
qui pourrait hésiter?

Oh! je sais l'objection que l'on va me faire :
vous prétendez, va-t-on me dire, que nos partis
ne sont pas sérieux, qu'ils ne reposent pas sur
des principes réels, voyez donc les programmes
alléchants rédigés par chacun d'eux, les promesses dont ils sont remplis, tous les biens dont
ils s'engagent à combler le pays pourvu qu'ils
soient les maîtres. Je connais tout cela, sans
doute, mais à quoi ont toujours abouti toutes
ces pompeuses déclarations, qu'est-ce que le
pays a reçu en échange de sa confiance, de sa
croyance naïve à tant de belles paroles? Des
ruines et du sang. Peut-être vaudrait-il mieux
promettre moins et tenir davantage. Mais ne
doit-on pas se défier surtout à proportion que
ces promesses sont plus séduisantes et plus
exagérées? Si un homme d'État qui rêve d'occuper le pouvoir s'engageait à vivre avec cinq
piastres par jour, ne dirait-on pas que c'est
pousser trop loin le désintéressement, et qu'il
est bien difficile d'être sincère quand on s'en-
gage à des choses impossibles. Loin de moi la
pensée d'attaquer la bonne foi de ceux qui

tiennent un pareil langage : ils ne font que
suivre les habitudes consacrées que, chez nous,
tous les partis adoptent sans y attacher, dirait-
on, aucune importance. Il me semble que ce
soit une chose naturelle, quand on s'adresse
au public, de prodiguer les déclamations mensongères, et c'est à qui surpassera l'autre dans
cette espèce de surenchère sur la crédulité
publique.

Ce ne sont point des programmes que le
peuple d'Haïti réclame : il en a toujours eu à
profusion ; jamais les ambitieux et ceux qui
ne cherchent dans les affaires publiques qu'un
moyen de pêcher en eau trouble et de se faire
des rentes à force d'intrigues et de bassesses,
n'ont épargné les paroles flatteuses, les promesses aussi fausses que magnifiques. L'homme
d'État honnête et sincèrement dévoué à son
pays est plus sobre d'engagements ; il cherche
à se rendre un compte exact de ce qui est possible ; il sait qu'on ne transforme pas la condition d'un peuple du jour au lendemain comme
par un coup de baguette, qu'il y faut autre
chose que de grands mots inscrits dans des
formules retentissantes ; il voit que, pour
prendre une part utile aux affaires du pays, un
homme politique doit se livrer à un examen

réfléchi de ses besoins et de ses ressources, envisager les questions sous toutes les faces, bien peser les conséquences de toutes les mesures proposées qui, parfois, avec un côté brillant et une apparence utile, faute d'avoir été bien étudiées, ne produisent que des résultats fâcheux ; en un mot, il se propose moins d'éblouir ses concitoyens que de leur être utile et, au risque d'amasser contre lui des colères et des rancunes implacables, de les préserver des pièges que leur tendent les flatteurs.

Peut-être à force de déceptions et de misères le peuple haïtien en arrivera-t-il à comprendre qu'on le trompe, qu'il a trop longtemps donné créance à tous ces programmes trop beaux pour être réalisables, et qu'il ne doit confier le soin de ses destinées qu'à des hommes pratiques, amis avant tout de l'ordre et de la paix, convaincus que ces deux biens inestimables ne peuvent être assurés que par l'apaisement des querelles, par une large politique de réconciliation entre des partis que ne sépare aucun principe fondamental.

Mais qu'il se défie surtout de ces artisans d'intrigues et de troubles, pour qui le désordre semble être un besoin, que l'on voit, par des écrits enflammés, essayer constamment de semer la discorde dans les cœurs, infatigables à raviver les haines, les passions fondées sur les plus tristes préjugés, cherchant une basse popularité en entretenant toutes ces animosités et ces prétentions de classe et de couleur que j'ai flétries déjà tant de fois comme la grande source de nos maux et qui s'opposent encore à la réconciliation définitive de tous les membres de la même famille. Ce serait à désespérer de la raison, si le peuple haïtien ne comprenait pas enfin que tous ces hommes, qui ne cherchent qu'à entretenir les divisions, qui enveloppent des appels aux luttes fraticides de paroles caressantes, de protestations de dévouement à son adresse, qui, pour les justifier, ont l'habileté même d'invoquer des principes, des maximes avec lesquelles ils jonglent comme l'escamoteur qui, par ses discours amphatiques, réussit à éblouir les spectateurs, ne veulent que se jouer de lui, ne sont mus que par les plus honteux sentiments, une ambition et une cupidité sans scrupules décidées à se satisfaire, s'il le faut, aux dépens du pays, à moins qu'ils n'obéissent à des rancunes inavouables capables de leur fermer les yeux, pour se contenter, sur l'abîme de maux où elles essaient de le plonger.

Que d'exemples je pourrais citer à l'appui de mes paroles, mais ce serait rabaisser ces considérations, que je veux maintenir dans la sphère sereine des idées, que de descendre ici à des personnalités ; je ne puis cependant m'empêcher de rappeler, sans nommer personne, le souvenir d'un dîner qui me revient à la mémoire et auquel j'assistais : une discussion politique s'étant élevée entre deux des convives, ils étaient toutefois d'accord en un point, c'est qu'ils protestaient à qui mieux mieux que jamais ils n'accorderaient aucun repos à leurs adversaires politiques, qu'au contraire ils les attaqueraient sans relâche, ils les poursuivraient sans trêve ni merci et par tous les moyens. L'un d'eux est un personnage bien connu, un de ces intrigants sans vergogne pour qui la politique est une industrie et qui, ayant tout à perdre à voir régner la paix et l'union, font tout pour les troubler.

Cette absence complète de patriotisme est un mal trop répandu chez nous pour notre honte et notre malheur : il faut avoir la franchise de le signaler comme tous les autres et ne pas craindre d'imprimer la flétrissure qu'ils méritent à tous ces Haïtiens qui croient n'avoir aucun devoir envers la patrie et qui n'hésitent

pas à la sacrifier à leur monstrueux égoïsme.
Parmi tous ceux qui se sont fait naturaliser
étrangers, combien n'en a-t-on pas vu qui
n'avaient renoncé à leur qualité d'Haïtiens que
pour avoir plus de facilité d'intriguer à leur
aise contre leur patrie originaire et pouvoir
chercher au besoin un refuge et une protection
sous l'abri d'un autre pavillon contre le châtiment qu'ils se seraient justement attiré. Sont-
ils aussi des patriotes tous ces fonctionnaires,
trop nombreux hélas! dont la première des
obligations est de servir avec zèle le gouvernement qui les paie et qui sont les premiers à
le trahir? Mais je ne veux point insister sur
des faits dont notre amour-propre national a
à rougir : malgré ce qu'il en coûte, je devais
cependant les indiquer parce qu'il y a là aussi
une plaie à guérir, qui demanderait toute
l'habileté d'un gouvernement ferme et éner-
gique.

Je crois en avoir dit assez pour démontrer la
nécessité de cette politique de concorde et
d'apaisement dont je me suis fait le champion
résolu. Après tant de ruines matérielles et morales, de si tristes défaillances dans les caractères, des habitudes si déplorables et si funestes, qui sont le fruit de nos guerres civiles,

il faut que les partis se rapprochent et, laissant de côté leurs petits intérêts, leurs ridicules préjugés, leurs passions égoïstes, qu'ils s'unissent dans un commun amour de la patrie, dans un même désir de la relever et de lui donner la prospérité qu'elle pourrait avoir. J'ai fait aux chefs des partis et à tous les bons citoyens un appel qui sera entendu, j'en ai le ferme espoir. Que tous les hommes d'intelligence et de cœur dans notre pays se groupent autour de ceux qu'ils croient les plus capables de faire triompher cette union si désirable et de fonder enfin un gouvernement ayant les qualités nécessaires pour remplir sa mission.

Mais, quoi qu'il advienne, j'aurai fait mon devoir : j'ai dit la vérité sans m'occuper des conséquences. Je suis resté ainsi fidèle à moi-même, au rôle que j'ai pris dès le premier moment de mon entrée dans la vie politique. Lorsque le général Légitime, exilé par le général Salomon au mois de mai 1888, se retirait à la Jamaïque, je lui écrivais une lettre où j'expliquais mes sentiments, dirigés dès cette époque vers cette même politique d'union dont je viens d'exposer les motifs ; je lui disais que, suivant moi, il devait profiter de sa présence à la Jamaïque pour se mettre en rapport avec

tous ces membres du parti libéral qui s'y
étaient réfugiés après la malheureuse issue de
l'insurrection tentée par Boyer-Bazelais et
essayer de conclure avec eux une entente qui
pouvait avoir des résultats féconds pour le
bonheur du pays.

Mettre fin aux anciennes divisions, concilier
les esprits, réunir tous les bons citoyens en
une masse assez compacte pour dominer les
factions et leur imposer silence, est donc la
première œuvre à accomplir et la plus importante pour l'avenir du pays. La seconde est
d'apprendre enfin aux citoyens et aux gouver-
nants eux-mêmes les principes essentiels que
tous doivent observer, parce que, sans eux, le
pouvoir ne peut être assuré ni de sa liberté
d'action ni de son existence même. Je ne com-
mettrai pas la folie de venir proposer une constitution nouvelle pour l'ajouter à la collection
de toutes celles que nous avons expérimentées
déjà. Je suis convaincu qu'il ne faut modifier
la loi fondamentale que si la nécessité d'un
changement est bien démontrée et qu'à la pratique on y ait découvert des défauts qu'il faut
absolument corriger.

Mais quelle que soit la constitution qui nous
régisse, il faut la mettre sincèrement en pra-

tique, et c'est là l'objet de ma première observation, parce que, sous ce rapport, nous avons
des réformes profondes à opérer dans nos
habitudes. Il n'est pas besoin d'avoir une constitution, si on ne la considère que comme un
parchemin dont on n'a plus à s'occuper dès
qu'il est libellé dans les formes; il n'est pas
besoin non plus d'avoir un gouvernement, s'il
ne sait pas user des droits que le pacte social
lui confère et remplir les devoirs qu'il lui
impose. Tout est là : il nous faut un gouvernement qui sache gouverner, qui ne craigne pas
de faire sentir son autorité sans sortir des
bornes que les lois lui ont prescrites. C'est
ainsi que le pouvoir sera fort sans être despotique et qu'au contraire il sera modéré, car la
modération ne consiste qu'à se contenir soi-
même, à se renfermer dans les limites qu'on
ne doit pas dépasser. Mais la force est la qualité la plus essentielle d'un gouvernement,
c'est-à-dire le sentiment de ses droits et de sa
mission et la volonté d'agir avec énergie, avec
patience, avec calme, avec persévérance; et
c'est ainsi qu'un gouvernement fort est le
besoin le plus impérieux de tous les peuples,
parce que lui seul peut diriger la société, réaliser les progrès possibles, mettre en valeur

toutes les forces sociales et leur faire produire
tout ce qu'elles peuvent donner pour le bien
de tous. Mais combien un pareil gouvernement, fort et modéré tout ensemble, est encore
plus nécessaire à un peuple comme le nôtre
où la masse n'est pas encore assez éclairée
pour se sauver elle-même au besoin et réparer
la faiblesse et les fautes de ceux qui sont à sa
tête.

Le coup d'œil que nous avons jeté sur notre
histoire a prouvé que nous n'avons presque
jamais joui d'un tel gouvernement; c'est à
peine si nous l'avons entrevu par instants dans
des périodes très courtes. Il n'a pourtant pas
manqué d'hommes politiques pour en comprendre la nécessité, mais, comme j'ai dû le
constater, ils n'ont pas su comment l'organiser
et, faute d'en avoir saisi les conditions, ils
l'ont confondu avec le pouvoir absolu et se
sont égarés dans le despotisme et tous les
excès qu'il amène. D'autres, par un défaut
contraire, ont laissé flotter dans leurs mains
les rênes du pouvoir et n'ont offert que le spectacle d'une triste impuissance. Attribuant aux
institutions ce qui n'était que la faute des
hommes, on a cru trouver dans des changements continuels de la constitution le remède

à des maux qui avaient deux causes si opposées, sans aboutir à un meilleur résultat. Mais
l'expérience est suffisante, ce qui nous a presque toujours manqué jusqu'ici, ce sont des
hommes qui sachent gouverner et qui en aient
la volonté. Pourquoi serions-nous incapables
d'accomplir ce progrès? Instruits par le passé
et par la réflexion, les Haïtiens, je l'espère,
sauront se donner ce gouvernement réellement
fort et sage que je viens de définir et dont j'ai
indiqué plus haut les conditions.

Cette réforme fondamentale peut être opérée
sans toucher à la constitution, puisqu'elle
dépend surtout des hommes qui sont appelés
à exercer le pouvoir, mais elle dépend aussi
de la nation elle-même, et surtout de ses repré-
sentants, qui ont le pouvoir de choisir le chef
de l'Etat. Si, s'inspirant seulement de l'esprit
de parti et poussés par le désir de dominer le
pouvoir exécutif au lieu de se renfermer dans
leur rôle qui est de le contrôler et de voter les
lois, ils s'occupent plus de mettre à la tête du
pouvoir un homme disposé à faire les affaires
d'une coterie que celles de la nation, il nous
faudrait alors renoncer à l'espérance de voir
enfin ce gouvernement fort qui, seul, peut
remettre le pays dans sa voie et terminer cet

état d'anarchie où il épuise ses forces et ses ressources. Mais quand des vérités sont comprises
elles ne tardent pas à agir sur les esprits, et il
n'est pas possible que, devant une évidence
qui éclate aux yeux, nos députés et nos séna-
teurs ne se rendent compte aussi des conditions
nécessaires d'une action gouvernementale qui
puisse être utile au pays et lui donner tout le
bien qu'il en peut attendre.

Il ne suffirait pas cependant que ces progrès
s'accomplissent dans l'esprit de ceux qui, à
des titres divers, détiennent une part du gouvernement, si les citoyens aussi ne réalissaient
pas dans leurs rapports et leurs manières
d'agir à l'égard du gouvernement des réformes
qui ont autant d'importance que les précédentes. Il ne faut pas se lasser de le redire, ils
ont une grande responsabilité dans les souffrances dont ils se plaignent et ne peuvent
souvent s'en prendre qu'à eux-mêmes si l'État
est sans cesse agité par des convulsions qui
sont la meilleure preuve de son organisation
défectueuse. Pour que le gouvernement, de
qui l'on attend tout et que l'on accuse de tout
quand les choses vont mal, ce qui est le cas le
plus fréquent chez nous jusqu'à ce jour, puisse
agir d'une manière utile, il faut que les citoyens

eux-mêmes lui facilitent son action et surtout
ne l'entravent pas par une méconnaissance
complète de leurs droits et de leurs devoirs.
Comment adresser des reproches à ceux qu'on
a mis dans l'impossibilité de faire le bien qu'ou
réclame et qu'on attend d'eux ? Il est une vérité
que les Haïtiens n'ont pas voulu jusqu'à présent reconnaître et dont il est grand temps
qu'ils se pénètrent, s'ils ne veulent pas conti-
nuer d'être eux-mêmes les premières victimes
de cette ignorance ou plutôt d'une habitude
déplorable malheureusement trop enracinée.
S'ils se refusent à voir que les lois doivent être
respectées, que l'autorité doit être obéie parce
qu'elle représente la volonté générale et la
nation elle-même, alors renonçons à ce que le
bon ordre existe jamais chez nous, à tout
espoir de régénération, et croupissons dans
notre misère et notre abaissement.

Après avoir indiqué ce qu'il faudrait faire
pour constituer un gouvernement digne de ce
nom, capable de refaire la société désorganisée
et de guérir les plaies du pays, il me reste à
signaler les principaux points qui doivent
être l'objet de son attention. C'est beaucoup
sans doute que le pouvoir soit éclairé sur ses
droits, qu'il ait la force et les moyens d'agir,

il faut aussi que son action ne se prodigue pas
au hasard, qu'elle ne se dépense pas en pure
perte, et que, pénétré de ses devoirs, il soit
décidé à les remplir dans toute leur étendue.
Pour satisfaire à toute l'attente du pays, il est nécessaire qu'il apprécie exactement la situation,
qu'il se trace à lui-même un plan de conduite,
ce que j'appellerai un ordre, une méthode à
suivre dans l'exécution des mesures à prendre.
des réformes à proposer et à mener à bien.
Mais ces réformes fondamentales sur lesquelles
je me suis expliqué avec tous les développements qu'elles méritaient et qui se résument
dans la nécessité d'effacer les traces des anciens
partis, qui n'ont plus de raison d'être, d'adopter une politique d'union et de suivre de meilleures pratiques gouvernementales, il es
encore deux ou trois points capitaux qui
réclament toute la vigilance et tous les efforts
du gouvernement.

Pourquoi tant de gouvernements, dans tous
les temps et partout, sont-ils restés au-dessous
de leur mission, ont-ils compromis même souvent les destinées de la nation à la tête de
laquelle ils étaient placés? C'est qu'ils avaient
perdu de vue le but pour lequel ils étaient
institués; c'est qu'ils travaillaient pour eux-

mêmes, pour leur intérêt propre, et qu'ils avaient oublié que leur seule fonction est d'assurer les intérêts généraux du pays qu'ils dirigent. Cette belle devise inscrite en tête du journal *Le Pays* : « Le plus grand bien au plus grand nombre » résume admirablement tous les devoirs d'un gouvernement. Il n'est point établi pour servir les intérêts de quelques particuliers ou d'un groupe plus ou moins nombreux de la nation, mais il doit veiller avec un soin égal aux intérêts de tous et déployer surtout son zèle et sa sollicitude envers ceux qui composent la grande masse du pays, et qui, ayant parfois la plus grande part des charges, participent le moins aux avantages de l'organisation sociale. Ces principes sont si élémentaires qu'il peut sembler inutile de les rappeler, et cependant combien ne sont-ils pas souvent méconnus ?

Depuis que les Haïtiens ont proclamé leur indépendance, il faut l'avouer avec douleur, presque jamais ils n'ont été mis en pratique chez nous. Qu'a-t-on fait pour améliorer la condition du peuple haïtien, j'entends de celui qui ne vit que de son travail, qui cultive péniblement la terre, de cette masse de population noire qui forme le vrai fond de la nation, qui

en est tout à la fois la portion la plus importante par le nombre et la plus malheureuse?
Ce n'est pas moi que l'on verra jamais réveiller
ces préjugés de couleur, ces antagonismes de
classes contre lesquels je me suis élevé avec
tant d'énergie, mais enfin il faut voir la situation telle qu'elle est pour l'intérêt commun,
pour l'avenir du pays?

Comment une telle manière d'agir chez
certains hommes peut-elle se concilier avec
leurs prétentions de ne plus rien garder des
antiques préjugés et leurs invocations à la
fraternité entre tous les fils de la race dont ils
ne sont qu'une des branches? Qu'ils aillent
donc chez les nations européennes, ils verront
qu'on ne les distingue point en effet, et que,
malgré leur nuance plus ou moins foncée,
on les désignera sous ce nom général de
nègres.

Et plus près de nous, à la Martinique,
à la Guadeloupe, par exemple, ils verront les
mulâtres et les noirs traités par les créoles de
la même manière. Ainsi partout les erreurs et
les passions des hommes sont les mêmes, et
rarement l'exemple profite!

Le gouvernement peut beaucoup pour faire
disparaître des habitudes qui s'opposent encore

à une complète fusion entre les deux branches d'un même tronc.

C'est au gouvernement aussi qu'il appartient de développer toutes les admirables qualités de cette race noire ; il ne faut pour cela que répandre chez elle l'instruction qui n'a pas encore assez pénétré dans les couches profondes de la population, et l'on verra bientôt l'intelligence prendre un rapide essor. Tant d'hommes éminents qu'elle a déjà produits et qui se sont fait remarquer par la fécondité de leurs idées en sont un garant certain. Combien de vues neuves et ingénieuses n'ont pas montré tous ceux des noirs qui ont exercé le pouvoir ou rempli des fonctions importantes ! Et pour ne citer qu'un exemple récent, si le général Légitime a manqué peut-être un peu d'énergie quand il s'est trouvé à la tête du gouvernement, n'a-t-il pas montré cependant qu'il avait une conception nette et précise des besoins du peuple, et, guidé par son désir sincère de remédier à la mauvaise situation des campagnes, n'avait-il pas formé un ensemble de projets utiles, comme le prouve cette belle exposition de 1879 organisée grâce à son initiative et dont il n'avait pu prendre nulle part le modèle. Quand l'instruction sera

répandue partout comme elle doit l'être, on
sera peut-être étonné du progrès de cette race
noire, semblable actuellement à un champ en
friche qui n'attend qu'un peu de culture pour
se couvrir des productions les plus abondantes.
J'ai rendu justice aux efforts du président
Geffrard pour organiser l'instruction et répandre les écoles, mais cela ne suffit pas : il faut
assurer la fréquentation de ces écoles, établir
de bonnes méthodes d'enseignement, avoir un
système de recrutement des instituteurs qui
procure des maîtres zélés et instruits. Sous ce
rapport il y a beaucoup à faire et de grands
devoirs s'imposent au gouvernement.

Je me propose, dans un ouvrage plus étendu,
d'examiner la situation d'Haïti sous tous les
aspects, en étudiant en détail toutes les bran ·
ches de l'activité sociale, toutes les parties de
sa vie économique. Commerce, industrie,
travaux publics, produits agricoles, relations
internationales, instruction à tous les degrés,
toutes ces matières me fourniront l'occasion
d'exposer mes vues sur tous les points avec
tous les développements nécessaires. Il ne
s'agissait ici que de poser en quelque sorte les
bases essentielles de l'œuvre qu'il faut sans
retard entreprendre pour sortir le pays du

marasme où il est tombé et commencer sa régénération. Ce n'est donc point le lieu de spé-
cifier tous les progrès, toutes les améliorations
qu'il me semble nécessaire et possible d'effectuer dans tous les sens : les dimensions de
cette étude sont trop restreintes, encore une
fois ; je me réserve pour un ouvrage plus considérable.

Je veux cependant ajouter un mot encore
sur le sort misérable de la population.

Qui ne serait ému, en parcourant nos
campagnes, devant le tableau lamentable
qui s'offre aux yeux de toutes parts et
qui forme un contraste si frappant avec celui
que l'on peut voir chez tous les peuples civilisés. Ici l'aisance et la propreté, chez nous la
misère dans ce qu'il y a de plus sordide et de
plus repoussant. L'infortuné paysan d'Haïti,
découragé par sa détresse même, ayant perdu
l'espoir d'en sortir, tombe dans une espèce
d'affaissement moral qui l'empêche de réagir
pour adoucir au moins un peu sa condition ;
insouciant du lendemain, il se hâte d'employer
les maigres profits de son travail à chercher
l'abrutissante consolation du tafia, se contentant le plus souvent de quelques fruits pour
toute nourriture. Est-il étonnant que les agita-

teurs, que les promoteurs de guerre civile puissent trouver des soldats toujours prêts chez des malheureux qui aiment mieux affronter les hasards de la guerre que de traîner une vie languissante et pénible? Et pourtant, il faudrait peu de chose pour apporter bientôt un adoucissement à leur condition : la construction de quelques routes. en donnant aux paysans plus de facilité pour l'écoulement de leurs produits, les encouragerait à travailler avec plus d'ardeur et, par cela même, diminuerait promptement leur indigence.

N'est-il pas singulier qu'un des pays les plus fertiles et les plus beaux de la terre soit aussi un des plus misérables? Ou trouver, par exemple, un paysage plus splendide, plus grandiose que celui qui se déroule devant les yeux ravis du sommet des hauteurs de Kinscoff et de Furcy. Lorsque le voyageur, après avoir traversé la magnifique plaine de Petionville, a gravi les montagnes qui la terminent et dont les belles forêts de pins constrastent par leur sombre verdure avec la végétation plus gaie de la plaine, le merveilleux panorama qui se développe devant lui, lui fait bientôt oublier ses fatigues : par de là l'immense plaine couverte de ses riches plantations, il aperçoit Port-au-Prince, et plus loin la mer des Antilles dont le soleil des tropiques fait miroiter les flots comme une nappe d'argent liquide. Mais si, encore tout plein de l'admiration et de l'extase que lui cause ce spectacle sublime, ses regards tombent sur ce paysan noir qui, d'un pas lourd, s'avance péniblement à travers des chemins difficiles, parcourant cinq à six lieues pour porter à la ville un petit panier de pêches dont il pourra tirer quelque monnaie, il ne peut défendre à la tristesse de pénétrer dans son cœur, en voyant cette misère de l'homme à côté de cette richesse et de cette magnificence de la nature.

Je suis arrivé au terme de la carrière que je voulais parcourir, et ce n'est pas sans espoir que mes paroles auront quelques effets utiles. Par sa position géographique, par l'admirable fertilité de son sol, par ses ressources de tout genre, Haïti semblait devoir garantir au peuple qui l'habite une situation florissante et tous les biens qu'un pays peut désirer, et cependant son état est précaire et mauvais, son avenir sombre et incertain. J'en ai recherché et découvert les causes dans l'étude du passé, je les ai signalées avec franchise. Examinant ensuite les remèdes j'ai vu qu'ils se résumaient

dans la fusion des partis, dans une politique
d'union, dans la nécessité d'apprendre à gouverner, de donner de la force au pouvoir, de
respecter l'autorité et les lois, conditions de
tous les autres progrès. Dieu veuille que les
bons citoyens le comprennent et notre état
serait bientôt prospère, notre avenir glorieux
et brillant!

Paris. — Typ. A. DAVY, 52, rue Madame. — *Téléphone*.

Paris. — Typ. A. DAVY, 52, rue Madame. — *Téléphone.*